四部要籍選刊

蔣鵬翔 主編

阮刻禮記注疏

十一

（清）阮元 校刻

浙江大學出版社

本册目録（十一）

卷第四十二

雜記下第二十一……二八七五

校勘記……二九一三

卷第四十三

雜記下……二九二五

校勘記……二九六一

卷第四十四

喪大記第二十二……二九七五

校勘記……三〇二五

卷第四十五

喪服大記……三〇四三

校勘記……三〇九七

卷第四十六

祭法第二十三……三一一三

校勘記……三一四七

附釋音禮記注疏卷第四十三

雜記下第二十一

禮記　鄭氏注　孔穎達疏

有父之喪如未沒喪而母死其除父之喪也服其除服卒事反喪服沒猶竟也除服謂祥祭之服也卒事既祭反喪服服後死者之服○雖諸父昆弟之喪如當父母之喪其除諸父昆弟之喪也皆服其除喪之服卒事反喪服雖有親之大喪猶為輕服者除骨肉之恩也唯君之喪不除私服言當者期大功之喪或終始皆在三年之中小功緦麻則不除殤長中乃除○為于僞反下乃爲同期音基長丁丈反下云長子同如三年之喪則既穎其練祥皆行言今之喪既服穎乃為前三年者變除而練祥祭也此主

謂先有父母之服今又喪長子者其先有長子之服今又喪父母其禮亦然然則言未沒喪者已練祥矣纇草名無葛之鄉去麻則用纇○纇口迥反徐孔穎反沈苦頂反草也注同又喪如字又息浪反下又喪同去起呂反

王父死未練祥而孫又死猶是附於王父也未練祥嫌未祔祭序於昭穆爾王父既附則孫可祔焉猶當爲由由用也附皆當作祔○附義作祔出注祫音洽

【疏】有父至父也○正義曰此一節明前後兩服之中有變除喪祭之節今各隨文解之此一經明先有父喪而後遭母死爲父變除之節如未沒喪者謂父喪小祥後在大祥之前未竟之時也于時又遭母喪故云而母死也○其除父之喪也服其除服者謂母死既葬後值父應大祥除服以行祥事故云服其除服也○卒事反喪服者卒事謂父祥竟更還服母服也故云卒事反喪服若母喪未葬而值父二祥則不得服其祥服也所以爾者二祥之祭爲吉未葬爲凶故不忍凶時行吉禮也○雖諸至喪服此一經明諸父兄弟之喪當父母服內變除之節○如當者言此諸親自始死至除服皆在父母服內故云如當也○其除諸父昆弟之喪也皆服其除喪之服卒事反喪服者亦爲服除服而除竟亦反先服也此亦謂重喪葬後

之時也何以知然既始末在重喪中則其除自然知在重喪之葬後也上文爲父祥尚待母葬後乃除則輕親可知也然但舉此輕足明前之重而在前文云言母喪得爲父變除者庾氏云蓋以變除事大故也○前注雖有至乃除○正義曰雖有親之大喪猶爲輕服者除骨肉之恩也者鄭釋所以輕服在大喪之中得爲輕服除者乃輕服是骨肉恩親故得除之若君之大喪不得自除私服故曾子問曰大夫士有私喪可以除之矣而有君服焉其除之也如之何孔子曰有君喪服於身不敢私服又何除焉是有君服不得除己私服其私謂父母以下及諸父昆弟皆不得除也云小功緦麻則不除者按服問云緦之麻不變小功之葛小功之麻不變大功之葛據此言之是尋常小功緦麻不得易大功以上之服故知有大功以上之服不得爲小功緦麻除服也云殤長中乃除者以服問云殤長中變三年之葛既變三年之葛明在大功以上服中爲殤長中著服而又爲之除也○如三年之喪則既穎其練祥皆行者此明前後俱遭三年之喪後喪既受葛之後得爲前喪練祥既穎者謂後喪既虞卒哭合以變麻爲葛無葛之鄉則用穎也後喪既穎之後其前喪須練祭祥祭皆舉行之○注言今至用穎○正義曰云此主謂先有父母之服今又喪長子者以前文皆據先有父喪後有母喪此又先有

父母之喪後有諸父昆弟死者皆以重喪在前輕喪在後此亦類上文故云先有父母之服今又喪長子云其先有長子之服今又喪父母其禮亦然者以經不云長子之喪而云三年之喪既顈明三年之文互包父母故知先有長子之喪既顈也依禮父在不爲長子三年今云先有長子之服今又喪父母者庾氏及熊氏並云有父者今誤也當應云今又喪母不得并稱父也庾氏又云後喪既顈又前喪練祥皆行若後喪既殯得爲前喪虞祔未知然否自依錄之云未沒喪者已練祥矣者以此經云三年之喪既顈不云未沒喪則知既顈與未沒喪者別也既顈是既虞受服之時明未沒喪是既練之後稱言未沒是將沒之文故知練後也若先有父喪而後母死練祥亦然以前文父死爲母三年也故喪服齊衰三年章云父卒則爲母是也若先有母喪而後父卒母喪雖有期父喪既顈母之練祥亦皆行也王父死未練祥而孫又死猶是祔於王父也猶爲由由用也禮孫死祔於祖今此明若祖喪雖未二祥而孫死則孫亦得用是祔禮祔於祖也○注未練至祔焉○正義曰禮祔在練前若祔後未練之前則得祔直云未練足矣兼言祥者按文二年穀梁傳云作主壞廟有時日於練焉壞廟壞廟之道易檐可也改塗可也注云親過高祖則毀其廟以次而遷將納新祔故示有所加以此言之則練

時壞祖與高祖之廟改塗易檐未有壞意其以先祖入於太祖之廟其祖傳入高祖廟其新死者入祖廟是練時遷廟也入三年喪畢祫於太祖廟是祥後祫也故云未練祥嫌未祫祭序於昭穆爾兼言祥者恐未祫故也故練祥兼言但祖祔祭之後即得祔新死之孫故云王父既附則孫可祔焉然王父雖祔未練無廟孫得祔於祖其孫就王父所祔祖廟之中而祔祭王父焉○有殯聞外喪哭之他室明所哭者異也哭之爲位入奠卒奠出改服即位如始即位之禮謂後日之哭朝入奠於其殯既乃更即位就他室如始哭之時【疏】有殯至之禮○正義曰有殯謂父母喪未葬喪柩在殯宮者也外喪謂兄弟喪在遠者也他室別室也若聞外喪猶哭於殯宮然則嫌是哭殯則於別室哭之明所哭者爲新喪也○入奠者謂明日之朝著已重喪之服入奠殯宮及下室○卒奠出者謂卒終已奠而出○改服即位者謂改已重喪服著新死未成服之服即位謂即昨日他室之位○如始即位之禮者謂今日即哭位之時如昨日始聞喪即位之時○大夫士將與祭於公既視濯而父母死則猶是與

祭也次於異宮既祭釋服出公門外哭而歸其宅如奔喪之禮如未視濯則使人告告者反而后哭猶亦當爲由次於異宮不可以吉與凶同處也使者反而后哭不敢專已於君命也○與音預下同濯大角反它音他處昌慮反下之處同使色吏反如諸父昆弟姑姊妹之喪則既宿則與祭卒事出公門釋服而后歸其宅如奔喪之禮如同宮則次于異宮宿則與祭出門乃解祭服皆爲差緩也○差初賣反又初隹反【疏】大夫至異宮○正義曰此一節明大夫士與祭於公而有私喪之禮○則猶是與祭也者既與祭於公祭日前既視濯之後而遭父母之喪則猶是吉禮而與於祭也○次於異宮者其時止次異宮不可以吉與凶同處也○如未視濯則使人告者謂未視濯之前遭父母之喪則使人告君○告者反而后哭者必待告君者反而后哭父母也○既宿則與祭者宿謂祭前三日將致齊之時既受宿戒雖有期喪則與公家

之祭○如同宮則次於異宮者若諸父昆弟姑姊妹等先是同宮而死則既宿之後出次異宮不可以吉凶雜處故也○注宿則至緩也○正義曰按前遷父母之喪既視濯而與祭此遭期喪宿則與祭又前遭父母之喪既祭釋祭服乃出公門此者期喪出門乃解祭服以其期喪緩於父母故云皆爲差緩

○曾子問曰卿大夫將爲尸於公受宿矣而有齊衰內喪則如之何孔子曰出舍乎公宮以待事禮也尸重受宿則不得哭內喪同宮也孔子曰尸弁冕而出卿大夫士皆下之尸必式必有前驅冕兼言弁者君之尸或服士大夫之服也諸臣見尸而下車敬也尸式以禮

（疏）注內喪同宮○正義曰按上文不爲尸之時未視濯之前受宿之後父母喪使人告告者反而后哭今此齊衰內喪亦謂諸父昆弟姑姊妹也與前與後祭同但尸尊故出舍公之公館以待君之祭事不在己之異宮耳

○父母之喪將祭而昆弟死既殯而祭如同宮則雖

臣妾葬而后祭祭主人之升降散等執事者亦散等雖虞附亦然將祭謂練祥也言若同宮則是昆弟異宮也古者昆弟異居同財有東宮有西宮有南宮有北宮有父母之喪當在殯宮而在異宮者疾病或歸者主人適子散等栗階爲新喪略威儀〔疏〕父母至亦然○正義曰將祭謂將行大小祥祭也○而昆弟死既殯而祭者若將祭而有兄弟死則待殯後乃祭也今不待葬後者兄弟輕故始殯後便可行吉事也○如同宮則雖臣妾葬而后祭者兄弟既殯後而行父母之喪謂異宮者耳若同宮雖臣妾之輕卑死猶待葬後乃行父母祭也所以爾者吉凶不相干故喪服傳云有死於宮中者則爲之三月不舉祭庾氏云小祥之祭已涉於吉尸柩至凶故不可以相干其虞祔則得爲之矣若喪柩則去者則亦祭不待於三月可知矣○祭主人之升降散等者祭猶謂二祥祭散栗也等階也吉祭則涉級聚足喪祭則栗階故云散等也如此祥祭宜涉級於時爲有兄弟喪故少威儀作散等也執事者亦散等者助執祭者亦栗階也○雖虞祔亦然者謂主人至昆弟虞附而行父母二祥祭而執事者亦散等○注將祭至威儀○正義曰知將祭謂練祥也者以經云昆弟死既殯而祭故知

非吉祭也前經云三年之喪既顓其練祥皆行故知此祭謂練祥也但前文主論變除故委曲言練祥以前文既具故此經略言祭也云言若同宮則是昆弟異宮也者以經云如同宮則葬而后祭明上昆弟既殯而祭者是異宮也云有父母之喪當在殯宮者既遭父母之喪兄弟悉應同在殯宮不得有在異宮而死之。所以在異宮死者以其疾病或有歸者故得異宮而死云散等栗階者謂升一等而後散。升不連步也故燕禮記云栗階不過二等注云其始升猶聚足連步趨二等左右足各一發而升堂以此知散等栗階是一也○

自諸侯達諸士小祥之祭主人之酢也嚌之衆賓兄弟則皆啐之大祥主人啐之衆賓兄弟皆飲之可也

嚌啐皆嘗也嚌至齒啐入口○酢音昨嚌才細反啐七内反徐蒼快反

【疏】自諸至可也○正義曰此一經明喪祭飲酒之儀○主人之酢也嚌之者謂正祭之後主人獻賓長酢主人主人受賓長酢則嚌之也○衆賓兄弟則皆啐之者亦謂衆賓及兄弟祭末受獻之時啐之也以其差輕故也○大祥主人啐之者謂主人受賓酢之時主人啐之○衆賓兄弟皆飲之可

也者必知此主人之酢非受尸酢者以士虞禮主人主婦獻尸受酢之時皆卒爵虞祭比小祥爲重尚卒爵今大祥祭主人受尸之酢何得唯嚌之而已故知受賓酢也受尸酢神惠爲重雖在喪亦卒爵賓禮爲輕受賓之酢但嚌之知喪祭有受賓酢者鄭注曾子問云虞不致爵小祥不旅酬大祥無無算爵故知小祥之祭旅酬之前皆爲之也皇氏云主人之酢謂受尸之酢與士虞禮文違其義非也

○凡侍祭喪者告賓祭薦而不食薦脯醢也吉祭告賓祭薦賓既祭而食之喪祭賓不食〔疏〕凡祭至不食○正義曰侍祭喪謂相於喪祭禮者薦謂脯醢也吉時祭相者則告賓祭薦賓祭竟而食之喪禮既不主飲食故相者告賓但祭其薦而已遂不食之也此亦謂喪之正祭之後主人獻賓之時賓受獻主人設薦賓祭而不食謂練祥祭也其虞祔不獻賓也

子貢問喪子曰敬爲上哀次之瘠爲下顔色稱其情戚容稱其服問喪問居父母之喪也喪尚哀言敬爲上者疾時尚不能敬也容威儀也孝經曰容止可觀○瘠徐在益反稱尺證反下同

請問兄弟之喪子曰兄

弟之喪則存乎書策矣言疏者如禮行之未有加也齊斬之喪哀容之體經不能載矣君子不奪人之喪重喪禮也亦不可奪喪也不可以輕之於已也【疏】子貢至喪也○正義曰此一節明居父母兄弟喪禮○君子不奪人之喪者謂不奪他人居喪之禮謂他人居喪任其行禮不可抑奪○亦不可奪喪也者不可自奪己喪謂己之居喪當須依禮不可自奪其喪使不如法不奪人喪恕也不奪己喪孝也○注言疏至載矣○正義曰言疏者如禮行之未有加也者以疏者禮文具載故云存其書策其齊斬之喪謂父母喪也父母至親哀容體狀不可名言故經不能載上文云顏色稱其情當須毀瘠也戚容稱其服當須憔悴也孔子曰少連大連善居喪三日不怠三月不解期悲哀三年憂東夷之子也言其生於夷狄而知禮也怠惰也解倦也○少詩召反解佳賣反注同期音基惰徒臥反倦其眷反【疏】孔子至子也○正義曰此明居喪得禮之事○三日不怠者親之初喪三日之內禮不怠謂水漿不入口之屬○三月不解者以其未葬之前朝奠夕奠

及哀至則哭哭之屬○期悲哀者謂練以來常悲哀朝哭夕哭之屬○三年憂者以服未除憔悴憂戚○三年之喪言而不語對而不問廬堊室之中不與人坐焉在堊室之中非時見乎母也不入門言言己事也為人說為語在堊室之中以時事見乎母乃後入門則居廬時不入門○堊烏各反字亦作惡同見賢遍反注同疏衰皆居堊室不廬廬嚴者也言廬哀敬之處非有其實則不居

〔疏〕三年至入門○正義曰皇氏云上云少連大連及此經云三年之喪并下疏衰之等皆是摠結上文敬為上哀次之及顏色稱其情戚容稱其服今按別稱孔子是時之語不連子貢之問此三年之喪以下自是記者之言非孔子之語前文顏色稱其情謂據父母之喪此下文疏衰謂期親以下何得將此結上顏色稱其情皇說非也○三年之喪言而不語者謂大夫士言而後事行者故得言己事不得為人語說也○對而不問者謂有問者得對而不得自問於人此謂與有服之親者行事之時若與賓客疏遠者言則間傳云斬衰唯而不對齊衰對而不言是也○廬堊室之中

不與人坐者按喪大記云練居堊室不與人居居即坐也與此同○妻視叔父母姑姊妹視兄弟長中下殤視成人視猶比也所比者哀容居處也○長丁丈反

〔疏〕妻視至成人○正義曰此一經明此等之親服雖有異其哀戚輕重各視所正之親妻居廬而杖抑之視叔父母姑姊妹出適服輕進之視兄弟長中下殤服輕上從本親視其成人也○親喪外除日月已竟而哀未忘兄弟之喪內除日月未竟而哀已殺○已殺已或作以殺色界反徐所例反

〔疏〕親喪至內除○正義曰親喪外除者謂父母之喪外謂服也服猶外隨日月漸除而深心哀未忘○兄弟之喪內除者兄弟謂期服以下及小功緦也內心也服制未釋而心哀先殺由輕故也○視君之母與妻比之兄弟發諸顏色者亦不飲食也言小君服輕亦內除也發於顏色謂醲美酒食使人醉飽○醲女龍反

〔疏〕視君至食也○正義曰視君之母與妻者視比也謂比視君之母與君之妻輕重之宜比於已之兄弟○發諸顏色者亦不飲食也者若其酒食不發見於顏色者則得飲食

之若發見於顏色者亦不得飲食也○免喪之外行於道路見似目瞿聞名心瞿弔死而問疾顏色戚容必有以異於人也如此而后可以服三年之喪其餘則直道而行之是也惻隱之心能如是則其餘齊衰以下直道而行盡自得也似謂容貌似其父母也名與親同○瞿九遇反下同〔疏〕免喪至是也○正義曰見似目瞿者謂既除喪之後若見他人形狀似於其親則目瞿然○聞名心瞿者聞他人所稱名與父名同則心中瞿瞿然上云目瞿此應云耳瞿而云心瞿者但耳狀難明因心至重惻隱之慘本瞿於心故直云心瞿○必有以異於人也者謂免喪之後弔死問疾其顏色戚容必有殊異於無喪之人餘行皆應如此獨云弔死問疾者以弔死問疾是哀痛之處身又除喪戚容應甚故舉弔死問疾言也○其餘則直道而行之是也者其餘謂期親以下也則直依喪之道理而行之於義是也父在為母雖期期年亦從上三年之內也○祥主人之除也於夕為期朝服祥因其故

服為期為祭期也朝服以期至朔日而行祭亦朝服始即
吉正祭服也喪服小記曰除成喪者其祭也朝服縞冠
是也祭猶縞冠未純吉也既祭乃服大祥素縞麻衣釋禫之
禮云玄衣黃裳則是禫祭玄冠矣黃裳者未大吉也既祭乃
服禫服朝服綅冠踰月吉祭乃玄冠朝服既祭玄端而居復
平常也○朝直遥反及下武叔朝皆同禫大感反綅息廉反
黑經白緯曰綅〔疏〕祥主至故服○正義曰祥主人之除也者言祥謂祥祭之時主人除服之節○於夕為期者謂
於祥祭前夕豫告明日祥祭之期○朝服者於此為期之時
主人著朝服謂緇衣素裳其冠則縞冠也○祥因其故服者
謂明旦祥之時主人因著其前夕故朝服也○注為期至常
也○正義曰始即吉正祭服也者以其往前居喪今將除服
故云始即吉於練祭之時不著祭服於此祥時正著祭服故
云正祭服此朝服謂之正祭服者以諸侯卿大夫朝服而祭
故少牢禮云主人朝服是也按上雜記端衰喪車皆無等則
祥後并禫服尊卑上下無別皆服此緇衣素裳也此據諸侯
卿大夫言之故云正祭服引喪服小記者證此經中朝服是
除成喪之服云祭猶縞冠未純吉也者以純吉朝服玄冠今
著縞冠故云未純吉云既祭乃服大祥素縞麻衣者間傳文
以祥祭奪情故朝服縞冠祥祭雖訖哀情未忘其服稍重故

著縞冠素紕麻衣引釋禫之禮者是變除禮也其禮云玄衣黃裳既著玄衣應著玄冠故云則是禫祭玄冠矣云黃裳者未大吉也者以大吉當玄衣素裳今用黃裳故云未大吉云既祭乃服禫服朝服綅冠者亦變除禮文以祥祭之後乃著大祥素縞麻衣故知禫祭之後亦著禫服朝服綅冠也云踰月吉祭乃玄冠朝服者以少牢吉祭朝服故也若天子諸侯以下各依本官吉祭之服也云既祭玄端而居復平常也者謂既祭之後同平常無事之時故也從祥至吉凡服有六祥祭朝服縞冠一也祥訖素縞麻衣二也禫祭玄冠黃裳三也禫訖朝服綅冠四也踰月吉祭玄冠朝服五也既祭玄端而居六也

子游曰既祥雖不當縞者必縞然後反服

謂有以喪事贈賵來者雖不及時猶變服服祥祭之服以受之重其禮也其於此時始弔者則衞將軍文子之爲之是矣反服反素縞麻衣也

〔疏〕子游至反服○正義曰既祥謂大祥之後有人以喪事來弔者○雖不當縞者謂來弔者既晚不正當祥祭縞冠之時○必縞然後反服者主人必須反著此祥服縞冠受來弔者之禮然後反服大祥素縞麻衣之服○注謂有至麻衣○正義曰知此以喪事贈賵來者若其由未來今始弔者雖禫祭除喪之後猶練冠而受弔則衞

將軍文子之子是也練重於此禫祭之前主人尚吉而受禮明此來者是於前先已來今重至故主人著縞冠輕於練冠也云其於此時始弔者則衞將軍文子之爲之者鄭云此者證其來雖在後其實事不同衞將軍文子之子是除喪服之後始來弔此據於先已來弔之後始來贈賵也云反服反素縞麻衣者鄭恐反服夕吉服之服此謂禫祭之前故知反服素縞麻衣也

當袒大夫至雖當踊絕踊而拜之反改成踊乃襲尊大夫來至則拜之不待事已也更成踊者新其事也○袒音但

於士既事成踊襲而后拜之不改成踊於士士至也事謂大小斂之屬

〈疏〉當袒至成踊○正義曰此一節明士有喪大夫及士來弔之禮○當袒大夫至者謂士有喪當袒之時而大夫來弔也崔云謂斂竟時也○雖當踊者假令大夫至當主人踊時也○絕踊而拜之者主人則絕止踊而拜此大夫也○反改成踊者反還也改更也拜大夫竟而反還先位更爲踊而始成踊尊大夫之來欲新其事也故云反改成踊按檀弓云大夫弔當事而至則辭焉是當大夫絕踊則士大小斂時主人不出故辭大夫也今此云絕踊而拜之故知是斂已竟當其袒踊

時出之也○乃襲者謂更成踊竟乃襲初祖之衣也此云乃襲則知鄉者止踊拜大夫時未襲也○於士既事成踊者既猶畢也若當主人有大小斂諸事而士來弔則主人畢事竟而成踊不即出拜也然士言既事則大夫亦然大夫言絕踊則士固不絕踊也○襲而后拜之者成踊畢而襲襲畢乃拜之也○不改成踊者拜之而止不更爲成踊也　上

大夫之虞也少牢卒哭成事附皆大牢下大夫之虞也犆牲卒哭成事附皆少牢卒哭成事附言皆則卒哭成事附與虞異矣下大夫虞以犆牲與士虞禮同與○犆音特同與音餘

【疏】上大至少牢○正義曰上大夫平常告祭其禮少牢虞依平常禮故用少牢也○卒哭成事附皆大牢者卒哭謂之成事成事成吉事也故云卒哭成事附附廟也○此二祭皆大並加一等故皆大牢也○下大夫之虞也犆牲者下大夫吉祭用少牢今虞祭降一等用犆牲○卒哭成事附皆少牢者依平常吉祭禮也不云遣奠加者略可知也○注卒哭至異矣○正義曰鄭以士虞禮云三虞卒哭他用剛日先儒以此三虞卒哭同是一事鄭因此經云上大夫虞用少牢卒哭用大牢其牢既別明卒哭與虞不同

鄭引此文破先儒之義故云卒哭成事與虞異矣

○祝稱卜葬虞子孫曰哀祝稱夫曰乃兄弟曰某卜葬其兄弟曰伯子某

卜葬虞者卜葬卜虞祝稱主人之辭也孫謂爲祖後者稱曰哀孫某卜葬其祖某甫夫曰乃某卜葬其妻某氏兄弟相爲卜稱名而已○祝之六反徐之又反稱昌升反徐尺證反

〔疏〕祝稱至子某○正義曰謂卜葬擇日而卜人祝龜所稱主人之辭也而云葬虞者虞用葬日故并言葬虞也○子孫曰哀者若子卜葬父則祝辭稱云哀子某卜葬其父某甫若孫卜葬祖則祝辭稱云哀孫某卜葬某祖其甫○夫曰乃者若夫卜葬其妻則祝辭云乃某卜葬某妻其氏乃者言之助也妻卑故假助句以明夫之尊也○兄弟曰某卜葬其兄弟曰伯子某者若兄弟相爲其弟爲兄則祝辭云某卜葬兄伯子某若兄爲弟則云某卜葬其弟某兄弟稱名則子孫與夫皆稱名故鄭注於子孫通稱。可知也

○古者貴賤皆杖叔孫武叔朝見輪人以其杖關轂而輠輪者於是有爵而后杖也

記庶人失禮所由始也叔孫武叔魯

大夫叔孫州仇也輪人作車輪之官○關轂工木〔疏〕古者
反輮胡罪反又胡瓦反又胡管反迴也仇音求〔疏〕至杖
也○正義曰此一節記庶人失禮所由以其杖關轂而輠輪
者關穿也輠迴也謂作輪之人以扶病之杖關穿車轂中而
迴轉其輪○於是有爵而后杖也者以
其爵位旣尊其杖不歸褻而許用也
羊賈爲之也 記士失禮所由始也士親飯必發其巾大
夫以上賓爲飯焉則有鑿巾○鑿在各反
飯扶晚反注同〔疏〕鑿巾至之也○正義曰亦記士失禮所由也飯
含也大夫以上貴故使賓爲其親含恐尸爲賓
所憎穢故設巾覆尸面而當口鑿穿之令含得入口也而士
賤不得使賓則子自含其親不得憎穢之故不得鑿巾但露
面而含耳於是公羊賈是士自含其親而
用鑿巾則是自憎穢其親故爲失禮也
○冒者何也所
以揜形也自襲以至小斂不設冒則形是以
襲而后設冒也 言設冒者爲其形人將惡之也襲而設
冒言后衍字耳○冒莫報反下及注同
揜於撿反〔疏〕冒者至冒也○正義曰此一經論設冒之事
惡烏路反〔疏〕○冒者何也者記人自問何以須冒○所以

揜形也者記者自荅言冒所以揜盖尸形○自襲以至小斂不設冒則形者若未襲之前始死事須沐浴自既襲以後以至小斂之前雖已著衣若不設冒則尸象形見爲人所惡○是以襲而后設冒也言后者衍字也襲則設冒至小斂之前則以衣撚覆於冒上皇氏云大斂脫冒未之聞也

○或問於曾子曰夫既遣而包其餘猶既食而裹其餘與君子既食則裹其餘乎言遣既奠而又包之是與食於人已而裹其餘將去何異與君子寧爲是乎言傷廉也○遣弃戰反注同裹音果與音餘何異與同

曾子曰吾子不見大饗乎夫大饗既饗卷三牲之俎歸于賓館父母而賓客之所以爲哀也子不見大饗乎既饗歸賓俎所以厚之也言父母家之主今賓客之是孝子哀親之去也○見如字夫音扶卷紀轉反又厥挽反歸如字徐音匱注同

〔疏〕或問至饗乎○正義曰此一節明或人問曾子喪之遣奠之事○夫既遣而包其餘猶既食而裹其餘與者或人問曾子云喪

禮既設遣奠事畢而包裹遣奠之餘載耳○之而去猶如生人於他家既食訖而裹其餘相似乎故云與○君子既食則裹其餘乎者或人云君子於他家既食之後則更裹其餘食去乎寧有是也不應如此既設遣奠亦不應包餘而去○曾子曰吾子不見大饗乎者曾子荅或人之問吾我也子男子美稱儀禮注云言我子相親之辭也謂或人爲吾子豈不見大饗賓客之禮乎○夫大饗既饗卷三牲之俎歸於賓館者謂大饗賓客既畢主人卷斂三牲俎上之肉歸於賓館○父母而賓客之所以爲哀也者已家父母今日既去遂同賓客之䟽是孝子所以悲哀也爲此之故包遣奠而去○子不見大饗乎者重結前文以語或人也○非爲人喪問與賜與此上減脫未聞其首云何是言非爲人喪而問之與人喪而賜之與問遺也久無事曰問○爲于僞反注及下注爲母爲姑姊妹皆同問與賜與並音餘注皆同脫音奪下同遺于季反下文皆同〔疏〕非爲至以與○正義曰鄭云此上減脫未聞其首云何此語接上之辭與語助也豈非爲人有喪而問遺之與人之有喪而賜與之與乎敵則問卑下則賜故云問賜與○三年之喪以其喪拜非三年之喪以吉拜謂受問受賜者也稽顙而

後拜曰喪拜拜而后稽顙曰吉拜〔疏〕三年至吉拜。正義曰從上問與賜與以下至遺人可也皆明在喪受問遺之事此一經論身有喪拜謝之禮。三年之喪以其喪拜者謂父母長子也其實杖期以上皆爲喪拜非三年之喪以吉拜者謂不杖期以下此義已備在檀弓疏

三年之喪如或遺之酒肉則受之必三辭主人衰絰而受之受之必正服明不苟於滋味。必三如字又息暫反〔疏〕三年至受之。正義曰如或遺之酒肉至主人衰絰而受之者雖受之猶不得食也尊者食之乃得食肉猶不得飲酒故喪大記云既葬若君食之則食之大夫父之友食之則食之矣不辟粱肉若有酒醴則辭是也

如君命則不敢辭受而薦之薦於廟貴君之禮也

喪者不遺人人遺之雖酒肉受也從父昆弟以下既卒哭遺人可也言齊斬之喪重志不在施惠於人。施始豉反

縣子曰三年之喪如斬期之喪如剡也言其痛之惻怛有淺深也。縣音玄期音基下

同剡徐以漸反恒旦末反期之喪十一月而練十三月而祥十五月而禫此謂父在爲母也當在練則弔上爛脫在此○禫大感反三年之喪雖功衰不弔自諸侯達諸士如有服而將往哭之則服其服而往功衰既練之服也諸侯服新死者之服而往哭謂所不臣也練則弔父在爲母功衰可以弔人者以父在故輕於出也然則凡齊衰十一月皆可以出矣既葬大功弔哭而退不聽事焉聽猶待也事謂襲斂執紼之屬○紼音弗期之喪未葬弔於鄉人哭而退不聽事焉功衰弔待事不執事謂爲姑姊妹無主殯不在已族者○功衰弔本又作大功衰弔庾云有大字非小功緦執事不與於禮禮饋奠也○與音預下文注不與同○相趨也出宮而退相揖也哀次而退相問也既封而

退相見也反哭而退朋友虞附而退此弔者恩薄厚去遲
速之節也相趨謂相聞姓名來會喪事也相揖嘗會於他也
相問嘗相惠遺也相見嘗執摯相見也附皆當爲祔○封彼
驗反又如字摯音至○弔非從主人也四十者執紼言弔者必助主
人之事從猶隨也成人二十以上至四十丁壯時鄉人五十者從反哭四
十者待盈坎非鄉人則長少皆反優遂也坎或爲壙○坎口敢反下同長少丁丈反下詩詔反壙
苦晃反又音曠〔疏〕三年至盈坎○正義曰從此以下至待盈坎明
弔喪之節各隨文解之○三年之喪雖功衰不
弔者謂重喪小祥後衰與與大功同故曰功衰衰雖外輕而
痛猶內重故不得弔人也○自諸侯達諸士者貴賤同然故
云自諸侯達諸士也○如有服而將往哭之則服其服而往
者亦貴賤同也如有服謂有五服之親喪功衰雖不弔人若
自有五服之親喪則往哭之將往哭則不著已功衰而依彼
親之節以服之中於骨肉之情故也故云則服其服而往也
但著彼服不著已功衰也賀瑒云若新死者服輕則不爲之
制服雖不爲重變而爲之制服往奔喪哭之則暫服所制之

服往彼哭之事畢反服故服也庾氏云將往哭之乃服其服
者謂小功以下之親輕也始聞喪不能爲之制服至於往哭
弔乃服其服注要記通之已祥皇氏云此文雖在功衰之下
而實通初喪也假令初喪而有五屬之親死則亦整服五服
之服而往彼哭也上云自諸侯達諸士然諸侯絕期不應有
諸親始死服今云服其服而往當是敵體及所不臣者謂姑
封君不臣諸父昆弟也故鄭明之也○期之喪十一月而練
十三月而祥十五月而禫者此禫杖期主謂父在爲母亦備
二祥節也文本應在服而往下爛脫故在此○練則弔者謂
至十一月小祥後而可出弔人也○注父在至出矣○正義
曰此練則弔又。承十一月練之下故知是父在爲母以經云
練故云功衰也大祥始除衰杖而練得弔人者以父在爲母
故輕於出言得出也以母喪至練父在而得出則其餘喪雖
無父亦得出也母既可矣諸父灼然○既葬大功者謂身有
大功之喪既葬之後往弔他喪○弔哭而退不聽事焉者謂
弔哭既畢而即退去不待主人襲斂之事期喪練弔則亦然
也○期之喪未葬弔於鄉人哭而退不聽事焉者謂姑姊妹
無主爲之服期喪未至於葬往弔於鄉人之喪哭畢則退不
聽待主人襲斂之事焉○功衰弔待事不執事者謂此姑姊
妹等期喪至既葬受以大功衰謂之功衰至此之後若弔於

鄉人其情稍輕於未葬之前得待生人襲斂之事但不親自執事此云功衰他本或云大功衰今按鄭注在此文下云謂爲姑姊妹無主則此功衰還是姑姊妹無主之功衰不得別云大功也皇氏云有大字者誤也○注謂爲姑姊妹無主殯不在巳族者○正義曰經直云期喪鄭知是姑姊妹無主者以前云大功既葬始得弔人今此經期喪未葬巳得弔人明知此期服輕故知是姑姊妹無主殯不在巳族者女未廟見反葬女氏之黨故此姑姊妹巳於他族成婦日久但夫既蚤死故殯在夫族○小功緦執事不與於禮者執事擯相也禮饋奠也緦小功服輕故未葬使可弔人今不論鄉人之同異也亦爲彼擯相但不得助彼饋奠耳按曾子問云廢喪服可以與於饋奠之事乎○孔子曰說衰與奠非禮也以擯相可也是擯相輕而饋奠重也○相趨至而退此以下明凡弔者恩之厚薄去留遲速之節也○相趨也出宮而退者相趨謂與孝子本不相識但相聞姓名而來會趨喪也情既輕故柩出廟之宮門而退去○相揖也哀次而退者相揖謂經會他處巳相揖者也恩微深故待柩出至大門外之哀次而退去也○相問也既對而退者相問謂曾相餉遺恩轉深故至塗竟而退也○相見也反哭而退者相見謂身輕自執摯相詣往來恩轉厚故至葬竟孝子反哭還至家時而退也○朋友虞

附而退者朋友疇昔情重生死同殷故至主人虞附而退也然與死者相識其禮亦當有弔禮知生者弔知死者傷今注云弔則知是弔生人也○弔非至盈坎此一節論助葬及執事反哭之節言弔喪者本是來助事非爲空隨從主人而已故云非從主人也○四十者執紼者既助主人故使年二十以上至四十强壯者皆執紼也○鄉人五十者從反哭者鄉人同鄉之人也五十始衰故待主人窆竟而孝子反哭故鄉人助葬老者亦從孝子反也○四十者待盈坎者謂窆竟以土盈滿其坎四十强壯不得即反故待土滿坎而反也若非鄉人則無問長少皆從主人歸優饒遠者

○喪食雖惡必充飢飢而廢事非禮也飽而忘哀亦非禮也視不明聽不聰行不正不知哀君子病之故有疾飲酒食肉五十不致毀六十不毀七十飲酒食肉皆爲疑死病猶憂也疑猶恐也○視如字徐市志反爲于僞反注爲食父爲王父母以爲亦爲不爲並同

○有服人召之食不往

大功以下既葬適人人食之其黨也食之非
其黨弗食也往而見食則可食也為食而往則不可黨猶親也非親而食則是食於人無數也○
人食之音嗣注見食同功衰食菜果飲水漿無鹽酪不能
食食鹽酪可也功衰齊斬之末也酪酢截○酪音洛食食上如字下音嗣酢七故反截才代反
孔子曰身有瘍則浴首有創則沐病則飲酒
食肉毀瘠為病君子弗為也毀而死君子謂
之無子毀而死是不重親○瘍音羊創初良反〔疏〕喪食至無子○注非親而食則是食於人無數
也○正義曰解所以非親不食義也夫親族不多食則其食有限若非類而輒食則無復限數必忘哀也○非從
柩與反哭無免於堩言喪服出入非此二事皆冠也免所以代冠人於道路不可以
無飾堩道路○免音問注同堩古鄧反〔疏〕非從至於堩○正義曰從柩謂孝子送葬從柩去時也與反哭謂葬

竟孝子還時也柩道路也道路不可無飾故孝子唯送葬從柩去時及葬竟還反哭時於道得免而行自非此二條則不得免於道路也此謂葬近而反哭者若葬遠反哭在路則著冠至郊則乃反著免故小記云遠葬者比反哭者皆冠及郊而后免是也

○凡喪小功以上非虞附練祥無沐浴 言不有飾事則不沐浴

〔疏〕凡喪至沐浴○正義曰凡居喪之禮自小功以上恩重哀深自宜去飾以沐浴是自飾故不有此數條祭事則不自飾言小功以上則至斬同然各在其服限如此耳練祥不主大功小功也若三年之喪虞祭之時但沐浴不櫛故士虞禮云沐浴不櫛鄭注云唯三年之喪不櫛期以下櫛可也又士虞禮云明日以其班祔沐浴櫛注云彌自飾此雖士禮明大夫以上亦然

○疏衰之喪既葬人請見之則見不請見人小功請見人可也大功不以執摯唯父母之喪不辟涕泣而見人 言重喪不行求見人爾人來求見已亦可以見之矣不辟涕泣言至哀無飾也○辟音避注同

〔疏〕疏衰至見人○正義曰此一節明在

喪與人相見之義○小功請見人可也者輕可請見於人然言小功可則大功不可也此小功文承疏衰既葬之下則此小功亦謂既葬也凡言見人者謂與人尋常相見不論執摯之事故云父母之喪不辟涕泣而見人是尋常相見也而皇氏以爲見人謂執摯相見若然父母之喪豈謂執摯見人乎皇氏則非也○三年之喪祥而從政期之喪卒哭而從政九月之喪既葬而從政小功緦之喪既殯而從政以王制言之此謂庶人也從政從爲政者教令謂給繇役○期音基繇音遙本又作徭曾申問於曾子曰哭父母有常聲乎曰中路嬰兒失其母焉何常聲之有嬰猶鷖彌也言其若小兒亡母啼號安得常聲乎所謂哭不偯○鷖於奚反彌五兮反一音迷啼徒奚反本又作謕同號徐本作唬胡刀反偯於豈反下同說文作悠·

〔疏〕注以王至繇役○正義曰按王制云父母之喪三年不從政齊衰大功三月不從政此云期之喪卒哭而從政九月之喪既葬而從政與王制不同者此庶人依士禮卒

哭與既葬同三月故王制省文揔云三月也若大夫士三年之喪期不從政是正禮也卒哭金革之事無辟是權禮也

卒哭而諱 自此而鬼神事之尊而諱其名 **王父母兄弟世父叔父姑姉妹子與父同諱** 父爲其親諱則子不敢不從諱也謂王父母以下之親諱是謂士也天子諸侯諱羣祖 **母之諱宮中諱妻之諱不舉諸其側與從祖昆弟同名則諱** 母之所爲其親諱子孫於宮中不言妻之所爲其親諱夫於其側亦不言也孝子聞名心瞿凡不言人諱者亦爲其相感動也子與父同諱則子可盡曾祖之親也從祖昆弟在其中於父輕不爲諱與母妻之親同名重則諱之

【疏】卒哭而諱至則諱○正義曰此一節論親戚死亡諱辟名之事各隨文解之○卒哭而諱者謂卒哭之前猶以生禮事之卒哭之後去生漸遠以鬼道事之故諱其名○王父母者謂父之王父母於已爲曾祖父母正服小功不合諱也以父爲之諱故子亦同於父而諱之兄弟者是父之兄弟於已爲伯叔正服期父亦爲之期是子與父同是有諱也世父叔父者是父之世父叔父於已是從祖也正服小功不合諱以父爲之

諱故已從父而諱姑者謂父之姑也於已爲從祖姑在家正服小功出嫁緦麻不合諱以父爲之諱故已從父而諱姊妹者謂父之姊妹於已爲姑在家正服期出嫁大功九月是已與父同爲之諱也○子與父同諱者言此等之親子之與父同爲之諱○注父爲至羣祖○正義曰云父爲其親諱則子不敢不從諱也者謂父之王父母世父叔父及姑等於已小功以下不合諱但父爲之諱故子不敢不從諱其父之兄弟及姊妹已爲合諱不假從父而諱鄭此注者據已不合諱者而言之也云謂王父母以下之親諱是謂士也者此士者謂父身也以父身是士故諱王父若是庶人子不逮事父母則不諱王父母也直云王父母以下足矣復云之親諱者父之世父叔父與姑等皆是王父所生今爲之諱故云王父母以下之親諱也云天子諸侯諱羣祖者以其天子七廟諸侯五廟故知諱羣祖母之諱宮中諱者謂母所爲其親諱其子於一宮之中爲諱而不言也○妻之諱不舉諸其側者謂妻諸親之諱其夫不得稱舉其辭於其妻之側但不得在側言之則於宮中遠處得言之也與從祖昆弟同名則諱者謂母與妻二者之諱與已從祖昆弟名同則爲之諱不但宮中旁側其在餘處皆諱之○注子與至諱之○正義曰云子與父同諱則子可盡曾祖之親也者父爲王父諱於子則爲曾祖父

之伯叔及姑則是子曾祖之親故云子與父同諱則子可盡曾祖之親也前經所云者是也云從祖昆弟在其中者從祖昆弟共同曾祖之親故云在其中云於父輕不爲諱者從祖昆弟於父言之是父之同堂兄弟子也父服小功不爲之諱已又不得從父而諱若與母妻之親同名重則諱之重謂重累謂母妻諱與從祖昆弟名相重累則諱之不但爲母妻而諱若從祖昆弟身死亦爲諱故云於父輕不爲之諱與母妻之親同名重則諱之觀檢注意是爲從祖昆弟諱一而生文也

以喪冠者雖三年之喪可也既冠於次入哭踊三者三乃出

言雖者明齊衰以下皆可以喪冠也始遭喪以其冠月則喪服因冠矣非其冠月待變除卒哭而冠次廬也雖或爲唯○冠古亂反下及注皆同三息暫反

疏 以喪至乃出○正義曰自此以下明遭喪冠取之節今各隨文解之○以喪冠者雖三年之喪可也者謂將欲加冠而值其喪則當成服之時因喪服加冠非但輕服得冠雖有三年重喪亦可爲因喪服而冠故云可也○既冠於次者此謂加冠於廬次之中若齊衰以下加冠於次舍之處○入哭踊三者三乃出者謂既冠之後入於喪所哭而跳踊謂每哭一節而三踊如此者三凡爲九踊乃

出就次所○注言雖至廬也○正義曰經云雖三年之喪可也故知三年以下皆得因喪而冠也云始遭喪以其冠月則喪服因冠矣者知當冠月則喪服因冠者以曾子問云將冠子未及期日而有齊衰大功小功之喪則因喪服而冠言未及期日明及月可知但未及冠之日耳以此言之知冠月則可冠也云非其冠月待變除卒哭而冠者按夏小正二月綏多士女是冠用二月假令正月遭喪則二月不得因喪而冠必待變除受服之節乃可冠矣云次廬也者據重服而言也

大功之末可以冠子可以嫁子父小功之末可以冠子可以嫁子可以取婦已雖小功既卒哭可以冠取妻下殤之小功則不可此皆謂可用吉禮之時父大功卒哭而可以冠子嫁子小功卒哭而可以取婦已大功卒哭而可以冠子小功卒哭而可以取妻必偕祭乃行也下殤小功齊衰之親除喪而後可爲昏禮凡冠者其時當冠則因喪而冠之○取七住反又如字

【疏】大功至不可○正義曰大功之末可以冠子可以嫁子者末謂卒哭之後謂已有大功之喪既卒哭可以冠子嫁子也○父小

功之末可以冠子可以嫁子可以取婦者謂父有小功喪末可以冠子可以嫁子可以取婦大功之末云身不云父小功之末云父不云身互而相通是嫁及冠於身大功之末可以冠子嫁子小功之末非但得冠子嫁子復可取婦所以取婦必在小功之末者以取婦有酒食之會集鄉黨僚友涉近歡樂故小功之末乃可得爲也○已雖小功既卒哭可以冠取妻者以前文云父小功之末可以取婦恐已有小功於情爲重不得冠取故云已身雖同有小功既卒哭之後可以冠取此文云既卒哭明上云末者並卒哭後也○下殤之小功則不可者謂其餘小功可以冠取若本服齊衰下殤降在小功者則不可不可者不可冠嫁也以本服是齊衰重故也若其長殤中殤之大功者庾氏注喪記云卒哭之後則得與尋常大功同於大功之末可以身自冠嫁所以然者雖本期年但降在大功其服稍伸故得冠嫁也賀氏云小功下殤本是期親以其重故不得冠取推此而言之降在大功理不得冠嫁矣今謂齊衰下殤尚不可冠取而況齊衰長殤中殤降在大功何可冠嫁庾記非也今從賀義○注父大至冠之○正義曰父大功卒哭而可以冠子嫁子小功卒哭而可以取婦者以經文大功據已身小功據其父今鄭同之謂父及已身俱有大功之末小功之末故又注云已大功卒哭而可以冠子

小功卒哭而可以取妻是父子同也云必偕祭乃行也者偕
俱也父是大功之末已亦是大功之末乃得行此冠子嫁子
父小功之末已亦小功之末可以嫁取必父子俱然乃得行
事故云必偕祭乃行知父子俱大功小功者若姑及姊妹出
適父子俱爲大功若從祖兄弟父爲之小功已亦爲之小功
是父子其服同也若父有齊衰子有大功則不可若父有大
功子有小功可以冠嫁未可以取婦必父子俱有小功之末
可以取婦若父是小功已在緦麻灼然合取可知又按正本
云必偕祭乃行者言爲諸吉禮必待祭訖乃行也云下殤小
功齊衰之親除喪而後可爲昏禮者言除訖可爲昏禮則未
除喪不可爲昏禮經云小功則不可者唯謂昏也其冠嫁則
可也云凡冠者其時當冠則因喪而冠之者鄭以經云大功
小功之末可以吉冠則大功小功之初當冠之時則因喪服
而冠矣前經云以喪冠者雖三年之喪可也者特據重服喪
中可冠恐輕服大功小功者在
喪不合冠故鄭於注特明之

附釋音禮記注疏卷第四十二

清嘉慶二十年重刊
宋用文選樓藏本校

江西南昌府學栞

禮記注疏卷四十二挍勘記　阮元撰盧宣旬摘錄

雜記下第二十一

有父之喪節

則孫可祔焉　閩監本同嘉靖本同衛氏集說同毛本祔作附岳本同

有變除喪祭之節　閩監毛本同惠棟挍宋本無祭字衛氏集說同

自依錄之　閩監毛本同惠棟挍宋本自作且

其祖傳入高祖廟　閩監毛本同衛氏集說同考文云宋板傳作傅非也

有殯節

有殯至之禮　惠棟挍宋本無此五字

大夫士將與祭於公節　盧文弨云宋本合下曾子問曰卿大夫節爲一節

其它如奔喪之禮 閩監毛本同石經同岳本同嘉靖本同衛氏集説它作他坊本同釋文出其它云音他石經考文提要云宋大字本宋本九經南宋巾箱本余仁仲本劉叔剛本並作它下其它同

告者反而后哭 惠棟挍宋本宋監本石經岳本嘉靖本同閩監毛本后作後衛氏集説同按下釋服而后歸各本並作后惟衛氏仍作後按后假借字

則次于異宮 閩監本岳本嘉靖本衛氏集説同毛本于作於石經于字闕

大夫至異宮 惠棟挍宋本無此五字

以其期喪緩於父母 閩監毛本同惠棟挍宋本緩上有差字

曾子問曰卿大夫節

注內喪同宮也 惠棟挍宋本有也字此本也字脫閩監毛本同

與前與後祭同 閩監毛本同盧文弨云與後疑是則與齊召南云當作與前與祭同後字誤衍

故出舍公之公館惠棟按宋本如此此本上公誤云下公誤宮閩監毛本同衞氏集說作故出舍公之宮館

父母之喪將祭節

散等栗階毛本作栗岳本同衞氏集說同此本栗誤泉閩監本同嘉靖本同按各本並作栗不誤

父母至亦然惠棟按宋本無此五字

云有父母之喪當在殯宮者既遭父母之喪兄弟悉應同在殯宮閩監毛本同盧文弨云宋本脫當在殯宮者既遭父母之喪十一字

不得有在異宮而死之所以閩監毛本同盧文弨云之下疑脫一理字孫志祖云之下當脫事字

謂升一等而後散升不連步也閩監毛本同惠棟按宋本無散字衞氏集說同

自諸侯達諸士節

自諸至可也惠棟挍宋本無此五字

故知小祥之祭旅酬之前惠棟挍宋本作旅衛氏集說同此本旅誤祥閩監毛本同

凡侍祭喪者節

吉祭告賓祭薦閩毛本同岳本同嘉靖本同衛氏集說同監本吉作告

凡祭至不食惠棟挍宋本無此五字

三年之喪言而不語節

及此經云三年之喪閩監毛本同惠棟挍宋本無云字

不與人居居卽坐也惠棟挍宋本如此衛氏集說同此本下居誤者閩監毛本同

視君之母節

視君之母與妻 惠棟挍宋本石經宋監本岳本嘉靖本同衛氏集說同考文引古本足利本同閩監毛本妻上衍君之二字石經考文提要云宋大字本宋本九經南宋巾箱本余仁仲劉叔剛本並無下君之二字

視君至食也 惠棟挍宋本無此五字

免喪之外節

免喪至是也 惠棟挍宋本此五字

必有殊異於無喪之人 惠棟挍宋本作喪衛氏集說同此本喪誤便閩監毛本喪誤憂

祥主人之除也節

既祭乃服大祥 閩本惠棟挍宋本宋監本岳本嘉靖本同衛氏集說同監毛本祭誤葬

祥主至故服 惠棟挍宋本無此五字

則祥後并禫服 閩監毛本同惠棟挍宋本禫作禮

故著縞冠素紕麻衣閩監毛本同惠棟挍宋本故作加衛氏集說同

子游曰既祥節

子游至反服惠棟挍宋本無此五字

鄭恐反服夕吉服之服閩監毛本同浦鏜挍云夕疑襲字誤按夕當作反形近致誤

素縞麻衣也惠棟挍宋本此下標禮記正義卷第五十一終記云凡三十二頁

當祖大夫節惠棟挍宋本自此節起至韠長三尺節爲第五十二卷卷首題禮記正義卷第五十二

當祖至成踊惠棟挍宋本無此五字

祝稱卜葬虞節

祝稱至子某惠棟挍宋本無此五字

於子孫逼稱名可知也惠棟挍宋本有名字此本名字脫閩監毛本同

古者貴賤皆杖節

叔孫武叔各本同監本叔孫誤叔叔

古者至杖也惠棟挍宋本無此五字

或問於曾子曰夫既遣節

歸于賓館閩監本同石經同岳本同嘉靖本同毛本于作於衛氏集說同

或問至饗乎惠棟挍宋本無此五字

載車之而去閩監毛本同惠棟挍宋本無車字

非爲人喪節

非爲至賜與惠棟挍宋本無此五字

故云問賜與　惠棟按宋本問下有與字此本誤脫閩監毛本同

三年之喪以其喪拜節　惠棟按云三年節三年之喪如或遺之節如君命節宋本合爲一節

三年至吉拜○正義曰從上問與賜與以下　惠棟按宋本無上九字

三年之喪如或遺之節

三年至受之　惠棟按宋本無此五字

雖受之猶不得食也　惠棟按宋本作猶衞氏集說同此本猶誤而閩監毛本同

期之喪節　惠棟按云期之喪節宋本分弔非從主人以下合喪食雖惡節爲一節

此弔者恩薄厚　閩毛本同岳本同嘉靖本同衞氏集說同監本恩誤思

三年至盈坎　惠棟按宋本無此五字

小祥後衰與與大功同　毛本如此衛氏集說同此本與字誤重閩本同監本不重空闕一字

此練則弔又承十一月練之下　惠棟按宋本作又此本又字斷缺閩監毛本又作文

非從柩節

無免於堩　閩監本同岳本衛氏集說同毛本堩作埴石經同嘉靖本堩誤埋釋文出於堩

非從至於堩　惠棟按宋本無此五字

疏衰之喪節　惠棟按云疏衰節三年節宋本合爲一節

言重喪不行求見人爾　閩監毛本同岳本同嘉靖本同衛氏集說同惠棟按宋本重作至

疏衰至見八　惠棟挍宋本無此五字

三年之喪祥而從政節

三年之喪　各本並同毛本三誤二

卒哭而諱節

謂王父母以下之親諱　閩監毛本同岳本同嘉靖本同段玉裁云謂王父母之謂當作爲去聲

卒哭而諱至則諱　惠棟挍宋本無此七字

是子與父同是有諱也　閩監毛本同惠棟挍宋本無是字

於已爲從祖姑　閩監毛本同考文云宋板無爲字盧文弨挍云宋板脫

是爲從祖昆弟諱而生文也　閩本同惠棟挍宋本同衞氏集說亦作昆監毛本昆

誤兄

大功之末節

此皆謂可用吉禮之時 各本同毛本吉誤古

大功至不可 惠棟挍宋本無此五字

禮記注疏卷四十二挍勘記

附釋音禮記注疏卷第四十三

雜記下

禮記　鄭氏注　孔穎達疏

凡弁絰其衰侈袂　侈猶大也弁絰服者弔服也其衰錫也緦也疑也袂之小者二尺二寸大者半而益之則侈袂三尺三寸○侈昌氏反袂彌世反

［疏］凡弁絰其衰侈袂○正義曰弁絰者謂弔服也其首著弁絰身著錫衰緦衰疑衰侈大也其此等三衰大作其袂凡常之袂二尺二寸此等三衰其袂半而益一袂大三尺三寸也若士則其衰不侈也故周禮司服有玄端素端注云變素服言素端者明異制大夫以上侈之明士不侈故稱端

父有服宮中子不與於樂母有服聲聞焉不舉樂妻有服不舉樂於其側　宮中子與父同宮者也禮由命士以上父子異宮不與於樂謂出行見之不得觀也○與音預注同聞音問又如字

大功將至辟琴

瑟亦所以助哀也至來也○辟音避一音婢亦反小功至不絕樂〔疏〕父有至絕樂○正義曰父有服在於宮中則子不與於樂者謂出行見之不得觀也此謂命士以下與父同宮者若異宮則得與樂崔云父有服齊衰以下之服也若重服則期後猶有子姓之冠自當不得與於樂○姑姊妹其夫死而夫黨無兄弟使夫之族人主喪妻之黨雖親弗主此謂姑姊妹無子寡而死也夫黨無兄弟無緦之親也其主喪不使妻之親而使夫之族人婦人外成主必宜得夫之姓類夫若無族矣則前後家東西家無有則里尹主之喪無無主也里尹閭胥里宰之屬王度記曰百戶爲里里一尹其祿如庶人在官者里或爲士諸侯弔於異國之臣則其君爲主里尹主之亦斯義也或曰主之而附於夫之黨妻之黨自主之非也夫之黨其祖姑也〔疏〕姑姊至之黨○正義曰此一節明姑姊妹在夫家而死無後使外人爲主之事夫既先死而夫之黨又無兄弟今既身死使夫之族人主其喪也○妻之黨雖

親弗主者妻黨雖親不得與之爲主明婦人外成於夫不合祔歸本族也○或曰主之者或人之說云妻黨主之而附祭之時在於夫之黨主之其義非也○注喪無至義也○正義曰云喪無無主也者言死喪之禮無得無人爲之主必須有人爲主也云里尹閭胥里宰之屬也○按周禮六卿之内二十五家爲閭閭置一胥中士也六遂之内二十五家爲里里置一宰下士也引王度記者更證里尹之事按别録王度記云似齊宣王時淳于髠等所說也其記云百戶爲里里一尹其禄如庶人在官者則里尹之禄也按撰考云古者七十二家爲里洛誥傳云古者百家爲鄰三鄰爲朋三朋爲里鄭云蓋虞夏之時制也其百戶爲里未知何代或云殷制云諸侯弔於異國之臣則其君爲主里尹主之亦斯義也者以已國臣在國而死他國君來弔則君爲主死者雖有至親不得爲主今此婦人死於此里正得里尹主之妻家之親不得爲主故云亦斯義也斯此也亦是此國君爲主之義

○麻者不紳執玉不麻麻不加於采吉凶不相干也麻謂經也紳大帶也喪以要經代大帶也麻不加於采衣采者不麻謂弁經者必服弔服是也采玄纁之衣○紳音申要經一遥反下大結反衣於既反又如字纁許云反【疏】麻者至於采○正義

曰麻者不紳麻謂經紳謂大帶言著要經者而不得復著大帶也故在喪以經代紳○執玉不麻者謂平常手執玉行禮不得服衰麻也按聘禮已國君薨至於主國衰而出注云於是可以凶服將事似行聘享之事執玉得服衰經者彼謂受主君小禮得以凶服若行聘享大事則吉服故鄭云其聘享之事自若吉也謂得著吉服○麻不加於采者謂弁經之麻不得加於玄衣纁裳之采也

○國禁哭則止朝夕之奠即位自因也禁哭謂大祭祀時雖不哭猶朝夕奠自因自用故事童子哭不懷不踊不杖不菲不廬未成人者不能備禮也當室則杖○扉本又作菲扶味反孔子曰伯母叔母疏衰踊不絕地姑姊妹之大功踊絕於地如知此者由文矣哉由文矣哉由用也言知此踊絕地不絕地之情者能用禮文哉能用禮文哉美之也伯母叔母義也姑姊妹骨肉也【疏】國禁至矣哉○正義曰國禁哭則止者謂有大祭祀禁哭之時則止而不哭○朝夕之奠即位自因也者謂孝子於殯宮朝夕兩奠之時即阼

階下位自因其故事而設奠也○注當室則杖○正義曰按問喪云童子當室則免而杖矣戴德云童子當室謂十五以上若世子生則杖故曾子問云子衰杖成子禮是也皇氏云童子當室則備此經中五事特云杖者舉重言也○世柳之母死相者由左世柳死其徒由右相由右相世柳之徒爲之也亦記失禮所由始也世柳魯穆公時賢人也相相主人之禮○柳良九反相息亮反下及注皆同○天子飯九貝諸侯七大夫五士三此蓋夏時禮也周禮天子飯含用玉○飯扶晚反注同含本作唅胡闇反下文同士三月而葬是月也卒哭大夫三月而葬五月而卒哭諸侯五月而葬七月而卒哭士三虞大夫五諸侯七尊卑恩之差也天子至士葬即反虞

【疏】世柳至侯七○正義曰此明相主人之喪禮有失之事○注亦記至之禮○正義曰相主人之禮法相者由左世柳死其徒黨相禮由右故云記失禮所由始

也按孟子云魯繆公時公儀子爲政子柳子思爲臣魯之削也滋甚若是乎賢者之無益於國也彼子柳即此泄柳也故云魯繆公時賢人○注此蓋至用玉○正義曰以非周法故疑夏禮故云蓋也典瑞云大喪共飯玉含玉是周禮天子飯含用玉按禮戴說天子飯以珠含以玉諸侯飯以珠大夫士飯以珠含以貝此等皆非周禮並夏殷之法左傳成十七年子叔聲伯夢食瓊瑰哀十一年齊陳子行命其徒具含玉此等皆是大夫而以珠玉爲含者以珠玉是所含之物故言之非謂當時實含用珠玉也○注尊卑至反虞○正義曰大夫以上葬與卒哭異月者以其位尊念親哀情於時長遠士職卑位下禮數未申故三月而葬葬罷即卒哭知天子至士葬即反虞者以其不忍一日未有所歸尊卑皆然故知葬即反虞下檀弓云葬日虞弗忍一日離也不顯尊卑是貴賤同然也

諸侯使人弔其次含襚賵臨皆同日而畢事者也其次如此也

言五者相次同時○臨如字徐力鴆反

【疏】諸侯至此也○正義曰謂諸侯使人弔鄰國先行弔禮急宣君命人以飲食爲急故含次之食後須衣故襚次之有衣即須車馬故賵次之君事既畢則臣私行已禮故臨禮在後其事雖多而同

一日取畢也 卿大夫疾君問之無筭士壹問之君於
卿大夫比葬不食肉比卒哭不舉樂爲士比
殯不舉樂 疏 卿大至舉樂○正義曰按喪大記君於大夫疾三問之此云無筭謂有師保恩
舊之親故問之無筭或可喪大記云三問者謂君自行此云無筭謂遣使也 ○升正柩諸侯
執綍五百人四綍皆銜枚司馬執鐸左八人
右八人匠人執羽葆御柩大夫之喪其升正
柩也執引者三百人執鐸者左右各四人御
柩以茅 升正柩者謂將葬朝于祖正棺於廟也五百人謂一黨之民。諸侯之大夫邑有三百戶之制綍引同
耳廟中曰綍在塗曰引互言之御柩者居前道正之大夫士皆二綍○筭悉亂反比必利反下同爲于僞反枚音梅鐸大
洛反葆音保引以愼反注同茅亡交反朝于直遙反道音導 疏 升正至以茅○正義曰此一經明諸侯大夫送

葬正柩之禮執鐸之差○升正柩者謂將葬朝於祖廟柩升
廟之西階於兩楹之間其時柩北首故旣夕禮云遷于祖用
軸升自西階正柩于兩楹間是也四綍皆銜枚者謂執綍之
人口皆銜枚止諠囂也○司馬執鐸左八人右八人者司馬
夏官主武故執金鐸率衆左右各八人夾柩以號令於衆也
○匠人執羽葆御柩者匠人工人也羽葆者以鳥羽注於柄
頭如蓋謂之羽葆葆謂蓋也匠人主宮室故執蓋物御柩謂
執羽葆居柩前御行於道示指揮柩於路爲進止之節也
然周禮喪祝御柩此云匠人者周禮王禮此諸侯禮也○注
五百至二綍○正義曰按周禮注六鄉主六引六遂主六綍
經云執綍則應舉六遂而言黨者此是非辨鄉遂之殊正取
五百人是一黨之人數耳或是畧舉鄉中之黨則遂之鄙亦
可知云諸侯之大夫邑有三百戶之制者謂小國中下大夫
也故郭注易訟卦云小國之下大夫采地方一成其定稅三
百家故三百戶也其實大國下大夫亦三百戶故論語云管
仲奪伯氏駢邑三百注云伯氏齊大夫是齊爲大國下大夫
亦三百家也其天子公卿大夫按小司徒職注云百里之國
凡四都五十里之國凡四縣二十五里之國凡四甸然則大
都公之采地方百里小都卿之采地方五十里家邑大夫采
地方二十五里熊氏云以此推之公之大都采地方百里侯

伯大都采地方五十里子男大都采地方二十五里以畿外地濶故公之大都與天子大都同也其中都采地無文其小都則下大夫二百家一成之地也一成所以三百家者一成九百夫宮室塗巷山澤三分去一餘有六百夫地又不易再易通率一家而受二夫之地是定稅三百家也云綍引同耳者其義具在檀弓疏

○孔子曰管仲鏤簋而朱紘旅樹而反坫山節而藻梲賢大夫也而難爲上也言其僭天子諸侯鏤簋刻爲蟲獸也冠有笄者爲紘紘在纓處兩端上屬下不結旅樹門屏也反坫反爵之坫也山節薄櫨刻之爲山梲侏儒柱畫之爲藻文○鏤音陋簋音軌紘音宏坫下念反藻音早梲章悅反笄音雞屬音燭薄音博又皮麥反又步博反徐又薄歷反櫨音盧侏音朱

晏平仲祀其先人豚肩不揜豆賢大夫也而難爲下也言其偪士庶人也豚俎實豆徑尺言并豚兩肩不能覆豆喻小也○弇於檢反本亦作揜併步頂反

君子上不僭上下不偪下○婦人非三年之喪不

踰封而弔 踰封越竟也或爲越疆○偪音逼本又作揖疆紀良反〔疏〕孔子至而弔○正義曰此一節明奢儉失禮之事○賢大夫也而難爲上也者當時謂管仲是大夫之賢者鏤簋者天子諸侯之制而管仲鏤之朱紘者亦天子之紘而管仲朱之故祭義云天子冕而朱紘諸侯冕而青紘管仲大夫當緇組紘而與士同今僭天子朱紘旅樹而反坫者是諸侯之禮論語云邦君樹塞門邦君爲兩君之好有反坫今管仲爲之山節而藻梲者天子之廟飾而管仲亦爲之是皆僭也故云賢大夫是賢者尚爲此僭上之事是難可爲上者也言他人在管仲之上皆被僭之故云難爲上禮器云君子以爲濫濫謂盜竊亦僭上之事也○注言其至藻文○正義曰言其僭天子諸侯者朱紘山節藻梲鏤簋是僭天子旅樹反坫者是僭諸侯云鏤簋刻爲蟲獸也者按梓人云小蟲之屬以爲雕琢是刻蟲獸也禮器注云簋天子飾以玉此不云者文不具也其旅樹山節之屬已具於禮器及郊特牲疏故於此不復釋也○晏平至爲下也豚肩不揜豆者依禮豚在於俎今云不揜豆者以豆形既小尚不揜豆明豚小之甚不謂豚在豆也○而難爲下也者平仲賢大夫猶尚偪下是在平仲之下者恒被平仲而偪也是難可爲下 **如三年之喪則君**

夫人歸奔父母喪也夫人其歸也以諸侯之弔禮其待之也若待諸侯然謂夫人行道車服主國致禮夫人至入自闈門升自側階君在阼其他如奔喪禮然女子子不自同於女賓也宮中之門曰闈門爲相通者也側階亦旁階也他謂哭踊髽麻闈門或爲帷門○闈音韋宮中之門劉昌宗音暉髽側瓜反○嫂不撫叔叔不撫嫂遠別也○嫂悉早反

疏如三至禮然○正義曰此一節明諸侯夫人奔父母喪節也○如三年之喪者如若也若遭父母三年之喪則雖曰君之夫人歸往奔喪也若非三年之喪則不歸也女子出適爲父母期而云三年者以本親言也夫人至入自闈門者謂夫人至於父母之國入自旁側闈門不由正門異於女賓也升自側階者謂夫人升自旁側之階不升正階亦異於女賓也○君在阼者謂主國之君待之在阼階之上不降階而迎也○其他如奔喪禮然者他謂哭踊髽麻之屬如似奔喪之禮然嫌諸侯夫人位尊恐與卿大夫之妻奔喪禮異故明之也○注女子至階也○正義曰云不自同於女賓也者按喪大記

夫人弔於大夫士主人出迎于門外夫人入升堂即位是女賓入自大門升自正階今此不然是不自同於女賓以女子子是父母之親不可同於女賓之疏也云宮中之門曰闈門者釋宮文也云側階亦旁階也者闈門是旁側之門故云側階亦旁階此謂東旁之旁階故奔喪禮婦人升自東階故知側階謂東面階也

君子有三患未之聞患弗得聞也既聞之患弗得學也既學之患弗能行也君子有五恥居其位無其言君子恥之有其言無其行君子恥之既得之而又失之君子恥之地有餘而民不足君子恥之衆寡均而倍焉君子恥之恥民不足者古者居民量地以制邑度地以居民地邑民居必參相得也衆寡均謂俱有役事人數等也倍焉彼功倍已也○其行下孟反

〔疏〕君子至恥之○正義曰此一節明君子有三患五恥之事此君子謂在位之君子未聞患弗得聞也者言人須多聞多識

若未聞知古事恒憂患不得聞也○地有餘而民不足君子恥之者以地邑民居必參相得今不能撫養使民逃散是土地有餘而民不足故君子恥之衆寡均而倍焉君子恥之者言役用民衆彼之與已民衆寡均等而他人功績倍多於已由不能勸課督率故君子恥之

○孔子曰凶年則乘駑馬祀以下牲○自貶損亦取易供也駑馬六種最下者下牲少牢若特豕特豚也○駑音奴貶必檢反易供上以豉反下音恭種章勇反

○恤由之喪哀公使孺悲之孔子學士喪禮士喪禮於是乎書時人轉而借上士之喪禮已廢矣孔子以教孺悲國人乃復書而存之○孺而樹反本亦作孺復扶又反

【疏】孔子至下牲○正義曰此一節明凶荒之年君自貶損也乘駑馬者駑馬六種之最下者也馬有六種一曰種馬天子玉路所乘二曰戎馬兵車所乘三曰齊馬金路所乘四曰道馬象路所乘五曰田馬木路所乘六曰駑馬負重載遠所乘若年歲凶荒則人君自貶故乘駑馬也○祀以下牲者諸侯常祭大牢若凶荒則用少牢大夫士各降一等並用下牲也○注自貶至豚也○正義曰云自貶損者言乘駑馬降牲牢是貶損也

云駑馬六種最下者按校人云種馬一物戎馬一物齊馬一物道馬一物田馬一物駑馬一物是六種馬中最下也云下牲少牢若特豕特豚也者天子諸侯及天子大夫常祭用大牢若凶年降用少牢諸侯之卿大夫常祭用少牢降用特豕士常祭用特豕降用特豚如此之屬皆爲下牲也

○子貢觀於蜡孔子曰賜也樂乎對曰一國之人皆若狂賜未知其樂也蜡也者索也歲十二月合聚萬物而索饗之祭也國索鬼神而祭祀則黨正以禮屬民而飲酒于序以正齒位於是時民無不醉者如狂矣曰未知其樂怪之○蜡仕嫁反樂音洛下及注同索色百反下同屬音燭

子曰百日之蜡一日之澤非爾所知也蜡之祭主先嗇也大飲烝勞農以休息之言民皆勤稼穡有百日之勞喻久也今一日使之飲酒燕樂是君之恩澤非女所知言其義大○嗇音色烝之承反勞力報反女音汝

【疏】子貢至知也○正義曰此一節明蜡月鄉飲酒之樂各依文解之○蜡謂王者各於建亥之月報萬物息老休農又各燕會飲酒於黨學中故子貢往觀之也孔子曰賜也樂乎者呼子貢名而問之云汝觀蜡飲

燕見此之事是歡樂否乎對曰一國之人皆若狂賜未知燕樂也者子貢以謂禮儀有序乃可是樂今此蜡人恣性酣飲載號載呶大小悉爾故云一國之人皆若狂也旣皆如狂則非歡樂故云未知其樂也○注蜡也至怪之○正義曰云蜡也者索也至而索饗之皆郊特牲文言經之蜡者是索饗之祭也云歲十二月者周正建亥之月云國索鬼神而祭祀則黨正以禮屬民而飲酒于序者謂州黨之學云以正齒位者以歲終事畢黨正屬民以正齒位若鄉飲酒義云六十者坐五十者立壹命齒于鄉里之屬云於是時民無不醉者如狂矣者以飲初之時正齒位及飲未醉無不如狂者也○子曰百日之蜡一日之澤非爾所知也者孔子解蜡是樂之義也言此蜡而飲是報民一年勞苦故云百日之蜡也言百日者舉其全數喻久矣實一年之勞苦也今一日歡休故恣其醉如狂此是由於君之恩澤故云一日之澤也其理深遠故曰非爾所知也○注蜡之至義大○正義曰云蜡之祭主先嗇也者謂以先嗇神農爲主云大飲烝勞農以休息之者謂於時天子諸侯與羣臣大飲於學烝升也謂升牲體於俎於此之時慰勞農人使令休息云言民皆勤稼穡有百日之勞喻久也者解經百日之蜡言百日勞苦而有此蜡其實一年而云百日舉其成數以喻其久也云今一日飲之飲酒燕樂是

君之恩澤者鮮經一日之澤言一日之中由人君之恩澤張而不弛文武弗能也弛而不張文武弗爲也一張一弛文武之道也張弛以弓弩喻人也弓弩久張之則絕其力久弛之則失其體○弛尸是反下及注同弩弓乃反○【疏】張而至道也○正義曰此孔子以弓喻於民也張謂張弦弛謂落弦若弓久張而不落弦則絕其弓力喻民久勞而不息則亦損民之力也○文武弗能也者言若使民如此縱令文武之治不能使人之得所以言其苦故稱其不能弛而不張文武弗爲也者言弓久落弦而不張設則失其弓之往來之體喻民久休息而不勞苦則民有驕逸之志民若如此文武不能爲治也而事之逸樂故稱不爲也一張一弛文武之道也者言弓一時須張一時須弛喻民。一時須勞一時須逸勞逸相參若調之以道化之以理張弛以時勞逸以意則文武得其其中道也使可以治文武爲政之道治民如此故云文武之道也

○孟獻子曰正月日至可以有事於上帝七月日至可以有事於祖七月而禘獻子爲之

也記魯失禮所由也孟獻子魯大夫仲孫蔑也魯以周公之故得以正月日至之後郊天亦以始祖后稷配之獻子欲尊其祖以郊天之月對月禘之非也魯之宗廟猶以夏時之孟月爾明堂位曰季夏六月以禘禮祀周公於大廟○大廟音泰

【疏】孟獻至之也○正義曰此一節明魯之郊禘之事獻子魯大夫仲孫蔑謚曰獻子正月周正月建子之月也日至冬至日也有事謂南郊祭○所出之帝也上帝靈威仰也而周以十一月爲正其月日至注云若天子則圜丘魯以周公之故得郊天所以於此月得郊所出之帝靈威仰而已故云正月日至可以有事於上帝也此言是也○七月日至可以有事於祖者七月周七月建午之月也日至夏至日也有事謂禘祭於祖廟故云有事於祖獻子言十一月建子冬既祭上帝故建午夏至亦可禘祖以爾月日至相對故欲祭祖廟與天相對也故云七月日至可以有事於祖也此言非也所以爲非者魯之祭祀宗廟亦猶用夏家之法凡大祭宜用首時應禘於孟月孟月於夏家是四月於周爲六月故明堂位云季夏六月以禘禮祀周公於大廟是夏之孟月也獻子捨此義欲以此二至相當以天對祖乖失禮意○七月而禘獻子爲之也者獻子有此之失故記其失所由也○注記魯至大廟○正義曰云記魯失禮所由者言七月而禘是魯

之失禮時暫爲之非是恒行故春秋獻子之後無七月禘廟之事又此不云自獻子始是不恒行也云孟獻子魯大夫仲孫蔑也者以左傳稱孟獻子經書仲孫蔑也云魯以周公之故得以正月日至之後郊天亦以始祖后稷配之者此是明堂位文故明堂云魯君孟春乘大路祀帝于郊配以后稷是后稷配之也亦者天子正月郊祭以始祖配天魯以十一月郊祭亦以后稷配天故云亦也云魯之宗廟猶以夏時之孟月爾者以明堂位稱季夏六月以禘禮祀周公於大廟同之季夏即夏之孟月建巳之月又春秋宣八年六月辛巳有事于大廟謂禘祭也是用建巳之月按春秋宣九年獻子始見經按僖八年於時未有獻子而七月禘者鄭荅趙商云以僖八年正月公會王人于洮六月應禘以在會未還故至七月乃禘禘君子原情免之禮不合譏而書之者爲致夫人故書七月禘也獻子既七月而禘非時失禮春秋之例非時祭者皆書於經以示譏獻子以後之禘而用七月不書於經而不譏者鄭釋廢疾云宣八年六月有事于大廟禘而云有事者雖爲卿佐卒張本而書有事其實當時有用七月而禘因宣公六月而禘得禮故變文言有事春秋因事變文見其得正也如鄭此言則獻子之時禘皆非正因宣公六月禘爲得正故變文云有事以明餘禘之不正也故餘禘不載於經唯譏於

宣公得正之禘也鄭又一解云禮記之言不可合於春秋書例故鄭荅趙商云禮記之云何必皆在春秋之例是禮記不與春秋合也

○夫人之不命於天子自魯昭公始也

亦記魯失禮所由也周之制同姓百世昏姻不通吳大伯之後魯同姓昭公取於吳謂之吳孟子不告於天子自此後取者遂不告於天子天子亦不命之 【疏】夫人至始也○正義曰諸侯夫人亦天子所命或是王后無畿外之事故天子命畿外諸侯夫人此文是也若畿內諸侯及卿大夫○之妻則玉藻注云天子諸侯命其臣后夫人亦命其妻是也○

外宗爲君夫人猶內宗也

皆謂嫁於國中者也爲君服斬夫人齊衰不敢以其親服服至尊也外宗謂姑姊妹之女舅之女及從母皆是也內宗五屬之女也其無服而嫁於諸臣者從爲夫之君嫁於庶人從爲國君○外宗爲于僞反注同下爲夫爲之服下注爲其亦同 【疏】外宗至宗也○正義曰外宗者謂君之姑姊妹之女及舅之女及從母皆是也內宗謂君五屬內之女君內宗爲君悉服斬衰爲夫人齊衰則君之外宗之女爲君及夫人與內宗同故云猶內宗也亦即是與諸侯爲兄弟者服斬之例也○注皆謂至國君○正義曰知皆謂

嫁於國中者以經云爲君夫人則君夫人者是國人所稱號故知嫁於國中國外當云諸侯云爲君服斬夫人齊衰不敢以其親服服至尊也者按禮族人不敢以其戚戚君則異族者亦不可以戚戚君故不得以其親服服至尊也云外宗謂姑姊妹之女舅之女及從母皆是也者古者大夫不外取故君之姑姊妹嫁於國內大夫爲妻是其正也舅之女及從母皆是者謂君之舅女及君之從母在國中者非正也所以非正者以諸侯不內取故舅女及從母不得在國中諸侯雖曰外取舅及從母元在他國而舅之女及從母不得來嫁與己國卿大夫爲妻以卿大夫不外取知內宗五屬之女者以其稱內故內五屬之女也凡外宗內宗皆據有爵者云其無服而嫁於諸臣者從爲夫之君者摠謂外宗內宗之女皆然也云嫁於庶人從爲國君者亦內外宗之女並言之則服齊衰三月此等內宗外宗熊氏云雖嫁在他國皆爲本國諸侯服斬也今依用之若賀循譙周之等云在已國則得爲君服斬夫人齊衰若在他國則不得也今並存焉任賢者擇之此外宗與喪服外宗爲君別也故鄭注彼云外宗君之外親之婦此外宗唯據君之宗崔氏云兼據夫人外宗是其義非也又周禮外宗內宗謂外內之女而崔氏云鄭注特牲云女者女有出適嫌有降理故舉女不言男其義亦非也○廄。

焚孔子拜鄉人爲火來者拜謝之拜之士壹大夫再亦相弔之道也言拜之者爲其來弔已宗伯職曰以弔禮哀禍災【疏】廄焚至道也。正義曰廄焚孔子馬廄被火焚也。孔子拜鄉人爲火來者謂孔子拜謝鄉人爲火而來慰問孔子者。拜之士壹大夫再者言拜此鄉人之時若士則壹拜之大夫則再拜之。亦相弔之道者此言雖非大禍災亦是相哀弔之道也

孔子曰管仲遇盜取二人焉上以爲公臣曰其所與遊辟也可人也言此人可也但居惡人之中使之犯法。上時掌反辟匹亦反管仲死桓公使爲之服宦於大夫者之爲之服也自管仲始也有君命焉爾也亦記失禮所由也善桓公不忘賢者之舉官猶仕也此仕於大夫更升於公與違大夫之諸侯同爾禮不反服也【疏】孔子至爾也。正義曰此二節明大夫之臣雖仕於公反服大夫之服孔子論說管仲之事故云孔子曰管仲遇盜取二人焉者謂管仲逢遇

羣盜於此盜中簡取二人焉○上以爲公臣者謂管仲薦上此二人以爲桓公之臣○曰其所與遊辟也可人也者此管仲薦此盜人之辭言此盜人所與交遊是邪辟之人故犯法爲盜可人也者謂其人性行是堪可之人也可任用之○管仲死桓公使爲之服者謂管仲之死桓公使此二人著服也○宦於大夫者之爲之服也自管仲始也者言依禮仕宦於大夫升爲公臣不合爲大夫著服今此二人是仕宦於大夫升爲公臣者之爲大夫而著服也從管仲爲始言自此以後升爲公臣皆服宦於大夫之服也○有君命焉爾也者言此二人所以爲管仲著服者有桓公之命使之焉爾作記之者亦記失禮所由又記桓公不忘賢者之舉也○**過而舉君之諱則起**舉猶言也起立者失言而變自新**與君之諱同則稱字**謂諸臣之名也

〔疏〕過而至稱字○正義曰此一節明辟君之諱也過謂過誤也舉猶言也若過誤言君之諱則起而改變自新○**內亂不與焉外患弗辟也**謂卿大夫也同僚將爲亂已力不能討不與而已至於鄭國爲寇則當死之也春秋魯公子友如陳葬原仲傳曰君子辟內難而不辟外難○與音預注同辟音避注同僚本又作寮力

離反難乃旦反下同【疏】內亂至辟也○正義曰此一經明卿大夫之禮有內亂力不能討可辟之事○內亂不與焉者謂國內有同僚爲亂則身自畏辟不干與焉以其力弱不能討也雖不與而已若力能討則當討之○外患弗辟也者外謂在外鄰國爲其寇患雖力不能討不得辟之當盡死於難也○注春秋至外難○正義曰引春秋者莊二十七年公羊傳文按彼云公子友如陳葬原仲大夫不書葬此何以書通乎季子之私行也又云君子辟內難而不辟外難內難者何公子慶父公子牙通乎夫人以脅公季子起而治之則不得與于國政坐而視之則親親何休云不忍見其如此故請至于陳而葬原仲時季友討慶父爲不與國政力不能討至莊三十二年季子與國政故逐慶父而酖叔牙也此注云力不能討亦謂不與國政若與國政力能討之而不討則責之故宣二年晉史董狐書趙盾以弑君云子亡不越竟是也

○贄大行曰圭公九寸侯伯七寸子男五寸博三寸厚半寸剡上左右各寸半玉也藻三采六等贄大行者書說大行人之禮者名也藻薦玉者也三采六等以朱白蒼畫之再行也子男執璧作此

贄者失之矣。○厚，戶豆反。剡，以冉反。畫，胡卦反，徐胡麥反。再行，戶剛反。

哀公問子羔曰：子之食奚當？問其先人始仕食祿以何君時。○當，如字，注同，舊丁浪反。對曰：文公之下執事也。

疏

贄大至事也。○正義曰：此明五等諸侯所執圭玉之制。○贄大行曰者，贄明也。大行謂周禮有大行人篇，掌諸侯五等之禮。舊作記之前有人說書贄於大行人之事，謂之贄大行，今亦作記者引此舊書，故云贄大行曰。曰，發語端也。○博三寸者，謂圭博三寸也。○厚半寸者，謂圭與璧各厚半寸。○剡上左右各寸半者，謂圭與璧剡殺也，殺上左右角各寸半也。○玉也者，言五等諸侯圭璧長短雖異，而俱以玉為之，故云玉也。○藻三采六等者，藻謂以韋衣板以藉玉者，三采朱白蒼也，六等六行也，謂畫上三色，每色為二行，是三采六等。○注贄大至之矣。○正義曰：云書說大行人之禮者名也者，謂作此記之前，別有書論說大行人之禮，其篇名謂之贄大行。云三采六等，以朱白蒼畫之再行也者，按聘禮記云朝天子圭與繅皆九寸，繅三采六等，朱白蒼，朱白蒼是也。既重云朱白蒼，是一采為三等，相間而為六等也。若五等諸侯皆一采為一就，典瑞云公侯伯皆三采三就，謂一采為一就，故三采三就，其實采別二就三采則六等也典瑞又云子男皆二采再就二采謂朱綠也二采故二就其實采別二就二采則四等也典瑞又云瑑圭璋璧琮繅皆二采一就以覜聘此謂卿大夫每采唯一等是二采共一就也與諸侯不同其天子則典瑞云繅五采五就亦一采爲一就五采故五就其實采別二就五采則十等也云子男執璧作此贄者失之矣者以此經列公侯伯子男摠云博三寸剡上左右各寸半此謂圭也今摠包子男則子男亦執圭故云作此贄者失之矣○成廟則釁之其禮祝宗人宰夫雍人皆爵弁純衣廟新成必釁之尊而神之也宗人先請於君曰請命以釁某廟君諾之乃行○釁許靳反純側甚反○雍人拭羊宗人視之宰夫北面于碑南東上居上者宰夫也宰夫攝主也拭靜也○拭音式碑彼皮反靚本亦作靜同才性反雍人舉羊升屋自中中屋南面刲羊血流于前乃降門夾室皆用雞先門而後夾室其衈皆於屋下割雞門當門

夾室中室自由也衈謂將封割牲以釁先滅耳旁毛薦之耳聽聲者告神欲其聽之周禮有刉衈○封苦圭反夾古洽反衈如志反刉古代反又古對反一音其旣反珥如志反有司皆鄉室而立門則有司當門北面有司宰夫祝宗人○鄉許亮反下同旣事宗人告事畢乃皆退告者告宰夫反命于君曰釁某廟事畢反命于寢君南鄉于門內朝服旣反命乃退君朝服者不至廟也○朝直遥反注同路寢成則考之而不釁釁屋者交神明之道也言路寢者生人所居不釁者不神之也考之者設盛食以落之爾檀弓曰晉獻文子成室諸大夫發焉是也凡宗廟之器其名者成則釁之以豭豚宗廟名器謂尊彝之屬○豭音加彝以之反【疏】成廟至豭豚○正義曰此一節論釁廟及考路寢之事○成廟則釁之者謂宗廟初成則殺羊取血以釁之尊而神之也○其禮祝

宗人宰夫雍人皆爵弁純衣者其禮謂釁廟之禮欲釁之時宗人先請於君曰請命以釁某廟君諾之乃行事爵弁者士服也純衣者謂絲衣則玄衣纁裳也○雍人拭羊者雍人是廚宰之官拭羊謂拭靜其羊拭於廟門外按大戴禮釁廟篇云成廟則釁以羊君玄服立於寢門內南鄉祝宗人宰夫雍人皆玄服宗人曰請命以釁某廟君曰諾遂入雍人拭羊乃行入廟門碑南北面雍人舉羊升屋自中中屋南面封羊血流于前乃降此皆大戴禮文旣云拭羊乃行入廟門是拭羊在廟門之外但初受命於寢門內之時君與祝宗人宰夫雍人等皆著玄服謂朝服緇衣素裳等其祝宗人宰夫雍人等著玄服謂朝服緇衣素裳等其祝宗人宰夫雍人等皆入廟之時則爵弁純衣雍人舉羊升屋者熊氏云謂抗舉其羊升於屋自中者自由也謂升屋之時由屋東西之中謂兩階之間而升也中屋南面者謂當屋棟之上亦東西之中而南面封割其羊使血流于前雍人乃降皇氏云舉羊謂縣羊升屋謂掛羊於屋自中謂在屋之中中屋謂羊在屋棟之下縣之上下處中今謂屋者謂室之在上之覆也前云升屋下云乃降與喪大記復者升屋其文正同何得以升為縣又中屋為屋棟去地上下為中此正得云屋中不得云中屋若室裏縣羊血則當羊而下何得云血流于前又下文其衈皆於屋下

明知其釁則在屋上檢勘上下皇氏之說非也○門夾室皆
用雞者門廟門也夾室東西廂也其減於廟室故釁不用羊
也門與夾室各一雞凡用三雞故云皆也謂釁門夾室用雞
之時如上用羊之法亦升屋而刲之○先門而後夾室者謂
先釁門後釁夾室又畢於門也○其衈皆於屋下者謂未封
刲羊與雞之時先滅耳旁毛以薦神廟則在廟之屋下門與
夾室則在門夾室之屋下故云其衈皆於屋下衈訖然後升
屋而釁也○門當門夾室中室者謂衈訖爲釁之時門則當
門屋之上中夾室則當夾室上之中以刲雞使血流故云門
當門夾室中室此釁廟以羊門夾室以雞摠云其衈則毛牲
羽牲皆謂之衈而鄭注周禮云毛牲曰刉羽牲曰衈者以此
經有羊有雞無別刉文故摠以衈包之周禮刉衈相對故以
毛牲曰刉羽牲曰衈○有司皆鄉室而立者謂釁夾室之時
宰夫祝宗人皆當於夾室而立門則有司當門北面而立○
既事宗人告事畢乃皆退者謂釁事既畢宗人告攝主宰夫
以事畢宰夫及祝宗人等乃退○反命于寢者謂釁既畢反
報君命於路寢○君南鄉于門內朝服者謂君受命之時南
鄉于路寢門內南面而立身著朝服即大戴禮云玄衣以不
入廟故朝服○路寢成則考之而不釁者路寢是生人所居
不用神之故不釁也考之者謂設盛饌以落之如檀弓晉獻

文子成室是也庾蔚云落謂與賓客燕會以酒食澆落之即歡樂之義也釁屋者交神明之道也者釋所以不釁路寢之義言此屋與神明相交故釁之也○凡宗廟之器其名者成則釁之以豭豚者器之名者尊彝之屬也若作名者成則釁之若細者成則不釁名器則殺豭豚血塗之也不及廟故不用羊也

○諸侯出夫人夫人比至于其國以夫人之禮行至以夫人入行道以夫人之禮者弃妻致命其家乃義絕不用此爲始○比必利反

使者將命曰寡君不敏不能從而事社稷宗廟使使臣某敢告於執事主人對曰寡君固前辭不教矣寡君敢不敬須以俟命前辭不教謂納采時也此辭賓在門外擯者傳焉賓入致命如初主人卒辭曰敢不聽命○使色吏反

有司官陳器皿主人有司亦官受之器皿其本所齎物也律弃妻畀所齎○皿武景反字林又音猛齎子兮反下同畀必利反與也又婢支反償也

妻

出夫使人致之曰某不敏不能從而共粢盛使某也敢告於侍者主人對曰某之子不肖不敢辟誅敢不敬須以俟命使者退主人拜送之肖似也不似言不如人誅猶罰也○共音恭粢盛上音咨下音成肖音笑辟音避如舅在則稱舅舅沒則稱兄無兄則稱夫言弃妻者父兄在則稱之命當由尊者出也唯國君不稱兄主人之辭曰某之子不肖如姑姊妹亦皆稱之姑姊妹見弃亦曰某之姑某之姊若妹不肖

【疏】諸侯至稱之○正義曰此一節論諸侯出夫人及卿大夫以下出妻之事○諸侯出夫人者謂夫人有罪諸侯出之命歸本國○使者將命者使者謂送夫人歸者將行君命以告夫人之國君寡君不敏不能從而事社稷宗廟者禮尚謙退不能指斥夫人所犯之罪故引過自歸云寡君才知不敏不能隨從夫人共事社稷宗廟故君使。臣某敢告在下之執事○寡君敢不敬須以俟命者須待也俟亦待也主人報客云君既有命寡君豈敢不恭敬須待君命○有司官陳器皿者使者既得主人荅命故使從已來有司之官陳夫人嫁時所賫器皿之屬以還主國也○主人有司亦官受之者主國亦使有司官領受之也並云官者明付受悉如法也○妻出者此以下明夫出妻法也○如舅在則稱舅舅没則稱兄者謂凡遣妻必稱尊者之命舅在稱舅者謂妻之被出則應稱夫名使某來告若夫之父在則稱父名使某來告是舅在則稱舅也舅没則稱兄者謂稱夫兄之名使某來告不云舅没則稱母者婦人之名不合外接於人也若有死喪則稱母弔即曾子問云母喪稱母是也○無兄則稱夫者謂夫身無兄則稱夫名使某來告則上文是也夫遣人致命則得云某不敏不能從而共粢盛若夫之父兄遣人致命其致命之辭未聞也○主人之辭曰某之子不肖者前文已具重更發者爲姑姊妹張本故云如姑姊妹亦皆稱之鄭云某之姑某之姊若妹不肖是也

孔子曰吾食於少施氏而飽少施氏食我以禮言貴其以禮待已而爲之飽也時人倨慢若季氏則不以禮矣少施氏魯惠公子施父之後○少失召反下及注同食我音嗣爲于僞反下來爲亦爲同倨音據僈武諫反本亦作

慢父音甫吾祭作而辭曰蔬食不足祭也吾飧作而辭曰蔬食也不敢以傷吾子〔疏〕孔子至吾子○正義曰此一節明少施氏以禮而食孔子吾祭者謂孔子祭也○作而辭曰蔬食不足祭也者作起也少施氏起而辭謝云蔬麤之食不足祭也○吾飧者謂孔子食後而更飧而強飯以荅主人之意○作而辭曰蔬食也不敢以傷吾子者少施氏又起而辭謝云蔬麤之食不可強飽以致傷害故云不敢以傷吾子

納幣一束束五兩兩五尋納幣謂昏禮納徵也十个爲束貴成數兩兩者合其卷是謂五兩八尺曰尋五兩五尋則每卷二丈也合之則四十尺今謂之匹猶匹偶之云與○飧音孫个古賀反卷音眷徐紀勉反下同與音餘

婦見舅姑兄弟姑姊妹皆立于堂下西面北上是見已婦來爲供養也其見主於尊者兄弟以下在位是爲已見不復特見○婦見賢遍反下注同供恭用反養羊尚反復扶又反見諸父各就其寢旁尊也亦爲見時不來女雖未

許嫁年二十而笄禮之婦人執其禮雖未許嫁年二十亦爲成人矣禮之酌以成之言婦人執其禮明非許嫁之笄燕則鬈首既笄之後去之猶若女有鬈紒也○鬈音權又居阮反去起呂反鬌丁果反紒音計字又作紒〔疏〕納幣至鬈首○正義曰此一節論昏禮婦見舅姑及女求許嫁加笄分別之事納幣一束者謂昏禮納財幣之時其幣一束謂十个也束五兩者兩个合爲一卷取配偶之義是束五兩也一兩有四十尺八尺曰尋五八四十是兩五尋也今謂之匹由匹偶也○婦見舅姑者謂婦來明日而見舅姑也○兄弟姑姊妹皆立于堂下西面北上者見舅姑之時則夫之兄弟姑姊妹皆立于舅姑之堂下東邊西鄉以北爲上近堂爲尊也○是見已者舅姑在堂上婦自南門而入入則從於夫夫之兄弟姑姊妹前度以因是即爲相見不復更別詣其室見之故云是見已謂是已見也○見諸父各就其寢者諸父謂夫之伯叔也既是旁尊則婦於明日乃各往其寢而見之不與舅姑同日也○女雖未許嫁年二十而笄禮之者女子十五許嫁而笄若未許嫁至二十而笄以成人禮言之○婦人執其禮者賀瑒云十五許嫁而笄者則主婦及女賓爲笄禮主婦爲之著笄女賓以醴禮之未許嫁而笄

者則婦人禮之無主婦女賓不備儀也○燕則鬈首者謂既笄之後尋常在家燕居則去其笄而鬈首謂分髮爲鬌紒也此既未許嫁雖已笄猶爲少者處之○韠長三尺下廣二尺上廣一尺會去上五寸紕以爵韋六寸不至下五寸純以素紃以五采會謂領上縫也領之所用蓋與紕同在旁曰紕在下曰純素生帛也紕六寸者中執之表裏各三寸也純紕所不至者五寸與會去上同紃施諸縫中若今時條也○韠音必長直諒反廣古曠反下同會古外反注同紕婢支反又方移反注同純之閏反又支允反注同徐力移反紃音巡徐辭均反縫扶用反下同條本又作條同吐刀反【疏】韠長至五采○正義曰韠韍也長三尺與紳齊也下廣上狹象天地數也○會去上五寸者會謂韠之領縫也此縫去韠上畔廣五寸謂會上下廣五寸○紕以爵韋六寸者謂會縫之下韠之兩邊紕以爵韋闊六寸倒攝之兩廂各三寸也○不至下五寸者謂紕韠之兩邊不至韠之下畔闊五寸○純以素者素謂生帛謂紕所不至之處横純之以生帛此帛上下各闊五寸也○紃以五采者紃條也謂五采之條置於諸縫之中○注會謂至上

同○正義曰韠旁緣謂之紕上緣謂之會以其在下○揔會之處故謂之爲會此上緣緣韠之上畔其縫廣狹去上畔五寸也云領之所用蓋與紕同者紕既用爵韋會之所用無文會紕同類故知會之所用與紕同也云純紕所不至者五寸者純緣也緣之所施是兩旁之紕不至下五寸之處以素緣之云與會去上同者純之上畔去韠下畔五寸會之下畔去韠之上畔五寸以其俱五寸故云與會去上同如諸儒所說云會者是韠之上畔淺緣而已去上五寸謂與兩旁之紕去韠上畔會縫之下有五寸若如此說何得鄭注與會去上同明知會之濶狹五寸也

附釋音禮記注疏卷第四十三

清嘉慶二十年重刊
用文選樓藏本校

江西南昌府學栞

禮記注疏卷四十三挍勘記　阮元撰盧宣旬摘錄

雜記下

凡弁經節

其袂半而益一　惠棟挍宋本作其此本其誤而閩監毛本同今正

父有服宫中節

父有至絶樂　惠棟挍宋本無此五字

則子不與於樂者　閩監毛本同惠棟挍宋本無子字

姑姊妹其夫死節

姑姊至之黨　惠棟挍宋本無此五字

云里尹閭胥里宰之屬也　閩監本同惠棟挍宋本毛本也作者

二十五家爲閭閭置一胥中士也六遂之內閩監毛本同考文云宋板此十七字無衛氏集說同

亦是此國君爲主之義惠棟挍宋本同閩本義字闕監毛本義誤說

麻者不紳節

麻者至於采惠棟挍宋本無此五字

按聘禮已國君饔惠棟挍宋本作聘衛氏集說同此本聘誤周閩監毛本同今正

似行聘享之事惠棟挍宋本作似衛氏集說同此本似誤飯閩監毛本同今正

國禁哭節

謂大祭祀閩監毛本同岳本同嘉靖本同衛氏集說本同考文云宋板祀作禮

不菲各本同石經同釋文出不屝云本又作菲○按屝正字菲假借字

不絕地之情者能用禮文哉惠棟挍宋本作哉宋監本岳本嘉靖本衛氏集說同考文引古本足利本同此本哉誤矣閩監毛本同今正

國禁至矣哉惠棟挍宋本無此五字

世柳之母死節惠棟挍云泄柳節諸侯使人節宋本合爲一節

世柳之母死石經同岳本同嘉靖本同釋文出世柳閩監毛本世作泄衛氏集說同下及注並放此疏同

世柳至侯七惠棟挍宋本無此五字

諸侯飯以珠閩監毛本同惠棟挍宋本下有含以璧三字按諸侯飯以珠含以璧稽命徵文衛氏集說載孔疏云天子飯以珠含以玉諸侯大夫士飯以珠含以貝并於諸侯下刪去飯以珠三字而與大夫士連文其所據本更無含以璧三字可知蓋脫之久矣

卿大夫節

君問之無筭 閩監本同石經同岳本同嘉靖本同毛本筭作筭衛氏集說同釋文亦作算○按當作算

卿大至舉樂 惠棟挍宋本無此五字

升正柩節

謂一黨之民 段玉裁云周禮鄉師疏引此注天子千人與五字當在一黨之民下

居前道正之 閩監本同岳本同嘉靖本同衛氏集說同考文引宋板同毛本正誤止

升正至以茅 惠棟挍宋本無此五字

升廟之西階於兩楹之間 閩監毛本同浦鏜挍於字上補正字

謂之羽葆葆謂蓋也 閩監毛本同考文云宋板葆字不重

居柩葆前御行於道 閩監毛本同惠棟挍宋本無葆字衛氏集說同

孔子曰管仲鏤簋節 惠棟挍云孔子節宋本分婦人非三年之下合如三年節爲一

管仲鏤簋 各本同石經同釋文出鏤簋字誤也

刻爲蟲獸也 監毛本作蟲岳本同衛氏集説同此本蟲省作虫閩本同嘉靖本同山井鼎云此注及疏正嘉二本皆作虫宋板萬歷崇禎本注及疏並作蟲

冠有笄者爲紘 各本同考文引足利本爲紘作有紘

豚肩不揜豆 各本同石經同釋文出不弇云本亦作揜

孔子至而弔 惠棟挍宋本無此五字

是難可爲上者也 閩本同惠棟挍宋本同監毛本可作乎下是難可爲下同

君子有三患節

彼功倍已也 閩監毛本同嘉靖本同衛氏集説岳本已並作已是也

君子至恥之 惠棟挍宋本無此五字

未聞患弗得聞也者閩監毛本同惠棟按宋本未下有之字

孔子曰凶年節

哀公使孺悲各本同石經同釋文出孺悲云本亦作孺

孔子至下牲惠棟按宋本無此五字

子貢觀於蜡節惠棟按云子貢節張而不弛節宋本合爲一節

子貢至知也惠棟按宋本無此五字

及飲未醉無不如狂者也閩監毛本同惠棟按宋本醉上有而字

張而不弛節

張而至道也○正義曰此孔子以弓喻於民也惠棟按宋本無上八字

喻民一時須勞　閩監毛本同考文云宋板民下有之字

則文武得其其中道也　補案其字誤重

孟獻子曰節

孟獻至之也　惠棟挍宋本無此五字

其月日至注云若天子則圜丘　閩監毛本同惠棟挍宋本注作主衞氏集說無注云二字

冬旣祭上帝　惠棟挍宋本冬下有至字此本脫閩監毛本同

外宗爲君夫人節

舅之女及從母皆是也　閩監毛本同岳本同嘉靖本同惠棟挍宋本無及字衞氏集說同

外宗至宗也　惠棟挍宋本無此五字

外宗者謂君之姑姊妹之女 閩監毛本同考文云宋板君作宗

廄焚節

廐焚 閩本同嘉靖本同衛氏集說同監毛本廐作廏岳本同石經作廏釋文同疏放此

廐焚至道也 惠棟挍宋本無此五字

謂孔子拜謝鄉人爲火而來 閩本同考文引宋板同監毛本謝下衍一字

孔子曰管仲遇盜節

官於大夫者之爲之服也 惠棟挍宋本官作宦宋監本石經岳本嘉靖本衛氏集說同此本誤作官閩監毛本同注疏並放此石經考文提要云宋大字本宋本九經南宋巾箱本余仁仲本劉叔剛本並作宦按惠棟挍正義皆作宦

孔子至爾也 惠棟挍宋本無此五字

作記之者閩監毛本同盧文弨云之衍字

內亂不與焉節

內亂至辟也惠棟挍宋本無此五字

時季友不討慶父惠棟挍宋本有不字此本不字脫閩監毛本同

贊大行節

贊大至事也惠棟挍宋本無此五字

成廟則釁之節

宗人視之惠棟挍宋本作視石經同岳本同嘉靖本同考文引古本足利本同此本視誤視閩監毛三本同衛氏集說同石經考文提要云宋大字本宋本九經南宋巾箱本余仁仲本九經誤字並作視通典四十八引亦云雍人拭羊宗人視之

居上者宰夫也閩監毛本同岳本嘉靖本同衛氏集說亦作居上按通典四十八引作東上者宰夫也東字似勝經雍人拭羊宗人視之宰夫北面于碑南東上注正釋經東上二字

拭靜也各本同釋文出拭靚云本亦作靜通典亦作拭靜

周禮有刉衈各本同釋文衈作珥

路寢成則考之各本同石經同毛本考作攷通典亦作考

成廟至豭豚惠棟按宋本無此五字

爵弁者士服也閩本同惠棟按宋本同監毛本士誤上衛氏集說亦作士

君與視宗人宰夫雍人等皆著元服謂朝服緇衣素裳等其視宗人宰夫雍人等皆入廟之時惠棟按宋本同衛氏集說亦同閩監毛本衍著元服謂朝服緇衣素裳等其視宗人宰夫雍人等二十字○案此本亦誤衍

升於屋上自中者 惠棟挍宋本有上字此本上字脫閩監毛本同

諸侯出夫人節

擯者傳焉 各本同釋文出儐者云本又作擯

器皿其本所齎物也律弃妻畀所齎 閩監毛本同岳本同嘉靖本同惠棟挍宋本上齎作賫衛氏集說同釋文出所齎云下同按注二齎字各本並同惟宋本及衛氏本上作賫下作齎正義云陳夫人嫁時所賫器皿之屬各本並作賫則注亦當作賫爲是後人見下律文作齎并改上賫亦作齎疑非其舊

諸侯至稱之 惠棟挍宋本無此五字

命歸本國 閩監毛本同考文云宋板命作令衛氏集說同

不能指斥夫人 閩監毛本同衛氏集說同通解能作欲

故君使臣某 閩監毛本同衛氏集說使臣作使使臣

孔子曰吾食於少施氏節

時人倨慢 各本同釋文出倨僈云本亦作慢

孔子至吾子 惠棟按宋本無此五字

納幣一束節

十个爲束 岳本同嘉靖本同衞氏集說同閩監毛本个作箇釋文出十个

兩兩者合其卷 閩監毛本同岳本同嘉靖本同衞氏集說同段玉裁按本云按者字衍兩兩合其卷用史記兩兩相比漢人語也沈彤改者爲卷非召南疏無者字

五兩五尋 閩監毛本同岳本同嘉靖本同衞氏集說同段玉裁按本云五兩五尋宋監本作一兩五尋召南疏作一兩五尋

猶匹偶之云與 各本同考文云古本猶作由按作由字與正義合

猶若女有髾紒也各本同釋文出紒云字又作紒通典五十六亦作紒

納幣至鬈首惠棟挍宋本無此五字

今謂之匹由匹偶也閩本同惠棟挍宋本同監毛本由作猶

韠長三尺節

會謂領上縫也閩監毛本同嘉靖本同衞氏集說同惠棟挍宋本領上作上領足利本同岳本同續通解同釋文出領縫盧文弨云通攷作領上縫疏但作領縫似上字衍也

若今時絛也各本同釋文出之絛

韠長至五采惠棟挍宋本無此五字

倒攝之惠棟挍宋本同衞氏集說同閩監毛本攝誤攝

此帛上下各闊五寸也閩監毛本同惠棟挍宋本各作亦衞氏集說同

以其在下總會之處　閩監毛本同惠棟挍宋本下作上

附釋音禮記注疏卷第四十三　惠棟挍宋本禮記正義卷第五十二終記云凡三十四頁宋監本禮記卷第十二經五千八十四字注六千七百十二字嘉靖本禮記卷第十二經五千三十七字注六千七百八十二字

禮記注疏卷四十三挍勘記

附釋音禮記注疏卷第四十四

禮記　　鄭氏注　　孔穎達疏

喪大記第二十二○陸曰鄭云以其記人君以下始死小斂大斂殯葬之大事故以大記爲名○【疏】正義曰案鄭目録云名曰喪大記者以其記人君以下始死小斂大斂殯葬之事此於別録屬喪服喪大記者劉元云記謂之大者言其委曲詳備繁多故云大

疾病外内皆埽爲賓客將來問病也疾困曰病○埽悉報反爲于僞反下爲其爲賓爲主人皆同○【疏】外内皆埽者爲賓客來問病者以尋常每日皆埽案内則云雞初鳴咸盥漱洒埽室堂者此是平生無事時每日恒埽今既疾病不應更有華飾故知埽者爲賓客來也○注疾困曰病○正義曰按既夕禮云有疾疾者齊乃云疾病内外皆埽是疾困曰病此對文耳散則通也檀弓云孔子寢疾七日而沒是也君大夫徹縣士去琴瑟聲音動人病者欲靜也凡樂器天子宮縣諸侯軒縣大夫判縣士特縣去琴瑟者不命之

士○縣音玄注同去起呂反注及下注同

寢東首於北牖下謂君來視之時也病者恒居牖北下或爲北墉下○首手又反下注南首同牖音酉舊音容下注牖下放此墉音容廢牀徹褻衣加新衣體一人廢去也人始生在地去牀庶其生氣反徹褻衣則所加者新朝服矣互言之也加朝服者明其終於正也體手足也四人持之爲其不能自屈伸也○牀仕良反本或作床字褻息列反新朝直遙反後朝服皆同男女改服爲賓客來問病亦朝服也庶人深衣屬纊以俟絕氣纊今之新緜易動搖置口鼻之上以爲候○屬音蜀纊音曠一音古曠反易以豉反男子不死於婦人之手婦人不死於男子之手君子重終爲其相褻

【疏】君大至之手○正義曰此明君及大夫等疾困去樂之事君謂諸侯也及大夫等徹縣知不包天子者以此篇所記皆據諸侯以下也○注天子至之事○正義曰案周禮小胥王宮縣諸侯軒縣卿大夫判縣士特縣鄭云宮縣四面象宮室軒縣去其一面判縣又去其一面特縣又去其一面縣於東方或於階間而已又云凡縣鍾磬半爲堵全爲肆鄭云諸侯之

大夫半天子之大夫西縣鐘東縣磬士亦半天子之士縣磬
而已案典命子男之卿再命其大夫壹命其士不命此云不
命之士謂子男之士○注謂君至墉下○正義曰知謂君來
視之時也者案論語鄉黨云疾君視之東首加朝服此云東
首故知是君來視之時也以東方生長故東首鄉生氣云病
者恒居北牖下者士喪下篇云東首于北牖下是恒在北牖
下也若君不視之時則不恒東首隨病者所宜此熊氏所說
也今謂病者雖恒在北牖下若君來視之時則暫時移鄉南
墉下東首令君得南面而視之○注廢去至伸也○正義曰
人始生在地去牀庶其生氣反者釋所以病困而除牀取地
義也人初生時在地今病困而反在地冀生氣還反得活如
初生時也云徹褻衣則所加者新朝服矣互言之也者上云
徹褻衣則知所加者正也下云加新衣則知所徹者褻衣故
云互也朝服云衣素裳也云加朝服者明其終於正也者解
所以加朝服義也明君子雖卒必以正自處也○注爲賔至
服也○正義曰案既夕禮云養者皆齊案文王世子云則世
子親齊玄而養至病困易之以朝服故檀弓云親
始死羔裘玄冠者易之而已易羔裘玄冠即朝服也 君夫人
卒於路寢大夫世婦卒於適寢內子未命則

死於下室遷尸于寢士之妻皆死于寢言死者必皆於
正處也寢室通耳其尊者所不燕焉君謂之路寢大夫謂之
適寢士或謂之適室此變命婦言世婦者明尊卑同也世婦
以君下寢之上爲適寢內子卿之妻也下室
其燕處也○適丁歷反注同處昌慮反下同【疏】君夫至于寢○正義
曰此一經明貴賤死寢不同也君謂諸侯也諸侯三寢一正
者曰路寢餘二曰小寢卒歸於正故在路寢也夫人亦有三
寢一正二小亦卒正者也○大夫世婦卒於適寢者適寢猶
今聽事處也其制異諸侯也大夫死適寢其妻亦死適寢也
大夫妻曰命婦而云世婦世婦是諸侯之次婦今既明諸侯
世婦尊與命婦敵故互言見義令命婦死於正寢則世婦死
女君次寢之上也○內子未命則死於下室遷尸於寢者內
子卿妻也若未爲夫人所命則初死在下室至小斂後遷尸
乃復還其正寢也○士之妻皆死于寢者亦各死其正室也
夫妻俱然故云皆也○注言死至處也○正義曰寢室通耳
者案士喪禮云死于適室此云卒於適寢是寢室通也云其
尊者所不燕焉者謂尊嚴之處不就而燕息焉云君謂之路
寢大夫謂之適寢士或謂之適室者此云士死於寢士喪禮
云死于適室故云或也云世婦以君下寢之上爲適寢者皇

氏云君謂女君而世婦以夫人下寢之上爲適寢熊氏云諸侯夫人大夫妻及士之妻卒皆於夫之正寢解此世婦以君下寢之上爲適寢者夫人卒於君之正寢世婦卒於君之下寢之上者與皇氏異雖卒夫寢皆婦人供視之是亦婦人不死男子之手也案服虔注左傳義與皇氏同夫人之卒在於夫人路寢比君路寢爲小寢故僖八年夫人不薨于寢則不殯于廟服虔注云寢謂小寢也皇氏熊氏其說各異未知孰是故兩存焉知死正寢者案春秋成公薨於路寢道也僖公薨於小寢譏即安謂夫人寢也隱公薨不書地失其所文公薨於臺下襄公薨於楚宫定公薨于高寢皆非禮也案莊公三十二年公羊傳何休注云天子諸侯皆有三寢一曰高寢二曰路寢三曰小寢孫從王父之寢案周禮掌正之六寢之脩何休云天子三寢與周禮違不可用

復有林麓則虞人設階無林麓則狄人設階復招魂復魄也階所乘以升屋者虞人主林麓之官也狄人樂吏之賤者階梯也簨虡之類○麓音鹿梯他兮反簨恤尹反虡音巨

〔疏〕正義曰自此王復而後行死事明復是招魂之禮也○復有林麓則虞人設階者復謂升屋招魂其死者所封内若有林麓則所主林麓虞人設階梯而升屋○無林麓則狄人設

階者謂官職卑小不合有林麓無虞人可使狄人是家之樂吏之賤者掌設簨虡簨虡階梯之類故狄人設階也小臣復復者朝服君以卷夫人以屈狄大夫以玄頳世婦以襢衣士以爵弁士妻以稅衣皆升自東榮中屋履危北面三號捲衣投于前司服受之降自西北榮小臣君之近臣也朝服而復所以事君之衣也用朝服而復之者敬也復用死者之祭服以其求於神也君以卷謂上公也夫人以屈狄互言耳上公以衮則夫人用禒衣而侯伯以鷩其夫人用揄狄子男以毳其夫人乃用屈狄矣頳赤也玄衣赤裳所謂卿大夫自玄冕而下之服也其世婦亦以襢衣榮屋翼升東榮者謂卿大夫士也天子諸侯言東霤危棟上也號若云臯某復也司服以篋待衣於堂前○卷本又作衮同古本反注同屈音闕注同頳勑貞反襢知彥反稅他亂反榮如字屋翼也劉昌宗音營號戶高反注同捲俱勉反徐紀阮反禕音輝鷩必列反揄音遙毳昌銳反霤力又反篋苦牒反其爲賔則公館復

私館不復其在野則升其乘車之左轂而復

私館卿大夫之家也不於之復爲主人小臣至而復○之惡○乘繩證反轂工木反惡烏路反〔疏〕正義曰此一節明復時所用之衣及招魂升降之節○小臣復復者朝服者此明諸侯小臣君之近臣與君爲招魂復魄既是君之親近與君所爲招魂之時冀君魂神來依之則大夫士以下皆用近臣也所復之人皆著朝服奉事君之魂神故朝服○君以卷者謂上公以衮冕而下○夫人以屈狄者謂子男之夫人自屈狄而下○大夫以玄赬者玄纁也言大夫招魂用玄冕玄衣纁裳故云玄赬也○世婦以襢衣者世婦大夫妻也其上服唯襢衣故用招魂也言世婦者亦見君之世婦服與大夫妻同也○上以爵弁者士亦用助祭上服以招魂六冕則以衣名冠諸侯爵弁則以冠名衣令言爵弁者但用其衣不用其弁也○士妻以稅衣者稅衣六衣之下也士妻得服之故死用以招魂也○皆升自東榮者此復者初上屋時也榮屋翼也天子諸侯四注爲屋而大夫以下不得四注但南北二注而爲直頭頭即屋翼也復者升東翼而上也賀瑒云以其體下於屋故謂上下在屋兩頭似翼故名屋翼也○中屋履危者中屋者當屋東西之中央履危者踐履屋棟上高危

之處而復也○北面三號者復者北面求陰之義也鬼神所嚮也三號號呼之聲三徧也必三者一號於上冀神在天而來也一號於下冀神在地而來也一號於中冀神在天地之閒而來也號輒云皐某復矣鄭注士喪禮云皐長聲也○捲衣投于前司服受之者三招既竟捲斂所復之衣從屋前投與司服之官司服以篋待衣於堂前也前謂陽生之道復是求生故云從生處來也然如雜記所言則應每衣三號也○降自西北榮者復者投衣畢而迴往西北榮而下也初復是求生故升東榮而上求既不得不忍虛從所求不得之道還故自陰幽而下也不正西而西北者因徹西北屝為便也必徹西北屝者亦用陰殺之所也故鄭注士喪禮云不由前降不以虛反也降因徹西北屝若云此室凶不可居然也○注小臣至堂前○正義曰君以卷謂上公也夫人以屈狄互言耳者男子舉上公婦人舉子男之妻男子舉上以見下婦人舉下以見上是互言也云升東榮者謂卿大夫士也者以鄉飲酒鄉射是大夫士之禮云設洗當東榮此東榮故知是卿大夫士禮今之兩下屋云天子諸侯言東霤者霤謂東西兩頭為屋簷霤下案燕禮云設洗當東霤人君殿屋四注燕禮是諸侯禮明天子亦然也

復衣不以衣尸不以斂不以衣尸謂不以襲也復者庶

其生也若以其衣襲斂是用生施死於義相反士喪禮云以衣衣尸浴而去之○衣尸於旣反注衣尸同斂力驗反後不出者皆同去起呂反

婦人復不以袡袡嫁時上服而非事鬼神之衣○袡而廉反婦人嫁時上服

凡復男子稱名婦人稱字婦人不以名行

唯哭先復復而後行死事氣絕則哭哭而復復而不蘇可以為死事

〖疏〗復衣不以衣至以斂○正義曰復是求生若用復衣而襲斂是用生施死於義為反故不得將衣襲尸及斂也○婦人復不以袡者袡是嫁時上服乃是婦人之盛服而非是事神之衣故不用招魂也絳襈衣下曰袡○凡復至稱字者自殷以上貴賤復同呼名周則天子稱天子諸侯稱某甫且字矣大夫士稱名而婦人並稱字○唯哭至死事者唯哭先復者氣絕而孝子即哭哭訖乃復故云唯哭先復也復而後行死事者復而猶望生若復而不生故得行於死事謂正尸於牀及浴襲之屬也

始卒主人啼兄弟哭婦人哭踊悲哀有深淺也若嬰兒中路失母能勿啼乎○啼大兮反

〖疏〗始卒至人哭踊○正義曰主人孝子男子女子也親始死孝子哀痛鳴咽不能哭如嬰兒失母

故啼也○兄弟哭者有聲曰哭兄弟情比主人爲輕故哭有聲也○婦人哭踊者婦人衆婦也宗婦亦啼衆婦人輕則哭也然婦人雀踊而此云踊者適自上諸侯並踊也

既正尸子坐于東方卿大夫父兄子姓立于東方有司庶士哭于堂下北面夫人坐于西方內命婦姑姊妹子姓立于西方外命婦率外宗哭于堂上北面

正尸者謂遷尸牖下南首也子姓謂衆子孫也姓之言生也其男子立於主人後女子立於夫人後世婦爲內命婦卿大夫之妻爲外命婦外宗姑姊妹之女

【疏】既正至北面○正義曰此經明人君初喪子及夫人以下哭位也○子坐于東方者子謂世子世子尊故坐于東方謂室內尸東故士喪禮云主人入坐于牀東是也○卿大夫父兄子姓立于東方者案士喪禮衆主人在其後又云親者在室鄭云謂大功以上依唯○士禮父兄子姓大功以上正立于室內東方今此經揔云卿大夫父兄子姓立于東方以士禮言之當在室內但諸侯以上位尊不可不正定世子之位故顧命康王之入翼室恤宅宗不

宜與卿大夫父兄子姓俱在室內也卿大夫等或當在戶外
之東方遥繼主人之後○有司庶士哭于堂下北面者以其
卑故在堂下北面不云東方稍近西而當戶以堂下西方無
婦人位故也案士喪禮云小功以下衆兄弟堂下北面此經
直云有司庶士在堂下則諸父兄子姓等雖小功以下皆在
堂上西面也○夫人坐于西方者亦近尸故士喪禮云婦人
俠牀東面但士禮畧但言俠牀人君則當以帷鄣之也○內
命婦姑姊妹子姓立于西方者內命婦則子婦也姑姊妹謂君
姑姊妹也子姓君女孫皆立于西方也○外命婦率外宗哭
于堂上北面者外命婦謂卿大夫妻外宗謂姑姊妹之女外
命婦外宗等䟽於內命婦故在戶外婦人無堂下之位故皆
堂上北面○注正尸至之女○正義曰知正尸謂遷尸牖下
南首也者既夕禮云設牀笫當牖當牖及遷尸是也知南首者按
士喪禮將含之時商祝入當牖北面受具奠于尸西鄭注云
如商祝之事位則尸南首明矣是也云子姓謂衆子孫也者
謂子孫所生也云其男子立於主人後女子立於夫人後者
約士喪禮文或諸侯位尊男子等當立于戶外東方已具前
說云世婦為內命婦卿大夫之妻為外命婦者前文云大夫
世婦則世婦與大夫妻相敵此經內命婦與外命婦相當故
知內命婦是世婦也案喪服傳云命婦者大夫之妻故云外

命婦卿大夫妻又周禮命及於士則其妻亦爲命婦故鄭注內宰云士妻亦爲命婦士妻與女御相對俱褖衣則君之女御內命婦中兼之也云外宗姑姊妹之女者但姑姊妹必嫁於外族其女是異姓所生故稱外宗案周禮外宗外女之有爵者若其有爵則爲外命婦此別云外宗容無爵者女之女亦是異姓所生而不云者則上文所謂子姓是也周禮有內宗內女之有爵者此不言者則前文姑姊妹是也但姑姊妹已嫁國中則爲命婦別云姑姊妹者各在室女未嫁及嫁於他國或雖嫁國中從本親之位故別云姑姊妹也不云舅之女及從母之女者外宗中兼之畧可知也

大夫之喪主人坐于東方主婦坐于西方其有命夫命婦則坐無則皆立命夫命婦來哭者同宗父兄子姓姑姊妹子姓也凡此哭者尊者坐卑者立

士之喪主人父兄子姓皆坐于東方主婦姑姊妹子姓皆坐于西方士賤同宗尊卑皆坐

凡哭尸于室者主人二手承衾而哭承衾哭者哀慕若欲攀援○扱本又

作攀普班反一音班援音爰徐于願反【疏】大夫至而哭○正義曰此一經明大夫初有喪哭位之禮○其有命夫命婦則坐無則皆立者謂哭位之中有命夫命婦雖有卑於死者以其位尊故坐哭若其無命夫命婦雖尊於死者亦皆立哭○注命夫至者立○正義曰知命夫命婦來哭者同宗父兄子姓姑姊妹子姓也者案左氏傳士踰月外姻至今大夫初喪正尸無容卽有異姓故知是同宗之親來哭者知非異姓卿大夫來弔者以其與主人等並列哭位故知是爲喪來哭者若有弔者當立哭不得坐也此六夫之喪不顯父兄子姓及姑姊妹哭位者約上文君喪及下文士喪畧可知也云凡此哭者尊者坐卑者立皇氏云凡謂君與大夫其哭者若爵位尊者則坐故上文君喪子及大夫坐大夫之喪主人主婦命命夫命婦皆坐是也君之喪卿大夫皆立大夫之喪非命夫命婦者皆立是也此云尊卑非謂對死者爲尊卑也若其今所行之禮與古異也成服之後尊於死者則坐卑於死者則立也○注士賤至皆坐○正義曰君與大夫位尊故坐者殊其貴賤士既位下故坐者等其尊卑無所異也

君之喪未小斂爲寄公國賓出大夫之喪未小斂爲君命出士之喪

於大夫不當斂而出 父母始死，悲哀非所尊不出也。出者或至庭或至門。國賓聘大夫不當斂，其來非斂時。○為，寄于僞反，下皆同。下注「為母」「為其罷倦」皆同。

〔疏〕正義曰：此一經明君大夫士等未小斂之前主人出迎賓之節。○士之喪於大夫不當斂則出者，謂士之喪，大夫來弔，其主人於大夫來弔之時，不當小斂之時，則出迎大夫。○注「出者至斂時」。○正義曰：云「或至庭」者，謂世子迎寄公及國賓，士出迎大夫士。也，皆至庭，故下文云「降自西階」，又云「士於大夫親弔則與之哭，不逆於門外」是也。云「或至門」者，謂大夫於君命，故下文云「大夫於君命，迎于寢門外」是也。以此言之，則世子於天子之命，士於君命，亦皆然也。云「不當斂，其來非斂時」者，上君與大夫士云「未小斂」，謂未斂之前，去小斂遠也。士云「不當斂」，謂去小斂近。大夫與士至小斂相偏也。士於大夫雖與小斂相偏，不當斂之時，尚為大夫出，若未小斂之前，為大夫出可知也。案檀弓云「大夫弔，當事而至，則辭焉」，注云：「辭猶告也。擯者以主人有事告也。主人無事，則為大夫出。」彼亦謂小斂之事，與此同。斂訖，大夫至，即拜之。故雜記云「當袒，大夫至，絕踊而拜之，反改成踊」是也。此但云斂，不云襲者，未襲之前，唯士為君命出，其餘則不出。故士喪禮「未襲之前，君使人弔，主人迎於寢門外，見賓不哭，先入門右北面是也君使退主人哭拜送于外門外於時賓有大夫則特拜之因送君使而拜之非謂特出迎賓也此云不當斂則出迎賓雜記云士喪當袒大夫至絶踊而拜之與此違者皇氏云若正當斂時不出君斂後而有大夫至則絶踊而拜之○凡主人之出也徒跣扱衽拊心降自西階君拜寄公國賓于位大夫於君命迎于寢門外使者升堂致命主人拜于下士於大夫親弔則與之哭不逆於門外拜寄公國賓於位者於庭鄉其位而拜之此時寄公位在門西國賓位在門東皆北面小斂之後寄公東面國賓門西北面士於大夫親弔謂大夫身來弔士也與之哭既拜之即位西階東面哭大夫特來則北面○跣悉典反扱初洽反衽而審反又而鴆反裳際也拊音撫使色吏反鄉許諒反【疏】凡主至門外○正義曰前經明出迎賓遠近此經更辨拜迎委曲之儀降自西階者不忍當主位降自西階○君拜寄公國賓于位者寄公謂失位之君也國賓謂鄰國大夫來聘者遇主國君之喪拜于位者於庭鄉其位而拜

之○士於大夫親弔則與之哭不逆於門外者謂士之喪大夫親來弔立于西階下東面主人則降自西階下南面拜之拜訖即位西階下與大夫俱哭不迎大夫於門外○注拜寄至北面○正義曰此時寄公位在門西國賓位在門東皆北而者熊氏云凡賓弔北面是其正故檀弓云曾子北面而弔焉且尸在堂上鄉之可知也知寄公在門西者寄公有賓義故在賓位故知在門西知國賓在門東者賓雖爲君命使或本是吉使而遭主國之喪而行私弔之禮故從主人之位故鄉在門東云小斂之後寄公東面國賓門西北面者熊氏云小斂之後主人位於阼階下西面寄公稍依吉禮漸就賓位東面鄉主人也國賓亦以小斂後漸吉轉就門西賓位但爵是卿大夫猶北面也又士喪禮云他國之異爵者門西少進是也云既拜之即位西階東面哭者以大夫身來弔士之時在西階之南主人降自西階鄉其位而拜之拜訖主人即位於西階下東面哭之故士喪禮云賓有大夫則特拜之即位于西階下東面不踊鄭注云即位西階下未忍在主人位是據主人也而皇氏云即位西階東面哭謂大夫之位也下云大夫特來則北面皇氏即云是大夫之位俱與士喪禮違又與鄭注士喪禮不同其義非也云大夫特來則北面者以大夫與士若俱來皆東面故主人即位西階在大夫之北俱東

面而哭今大夫獨來不與士相隨故大夫北面也必知北面者以凡特弔皆北面故檀弓云曾子北面而弔是特弔也○

夫人爲寄公夫人出命婦爲夫人之命出士妻不當斂則爲命婦出

出拜之於堂上也此時寄公夫人命婦位在堂上北面小斂之後尸西東面〔疏〕正義曰前經明男子迎賓此經明婦人迎賓也○夫人爲寄公夫人出者出謂出房也婦人不下堂但出房而拜於堂上也婦人尊卑與夫同故所爲出者亦同也○命婦爲夫人之命出者亦同其夫爲君命也此出亦不下堂耳○士妻不當斂則爲命婦出者前經明士於大夫不當斂出故此士妻於命婦亦不當斂而出也○注出拜至東面○正義曰知拜於堂上者男子降階拜賓於庭婦人無外事故知拜於堂上云此時寄公夫人命婦位在堂上北面者以前文云君之喪外命婦率外宗哭於堂上北面故知此命婦在堂上北面知寄公夫人亦然者以士喪禮他國異爵者門西北堂與已國大夫同則知寄公夫人亦與命婦同也云小斂之後尸西東面者以小斂之後遷尸於堂故知從婦人之位在尸西東面也

小斂主人即位于戶內主婦東面

乃斂卒斂主人馮之踊主婦亦如之主人袒說髦括髮以麻婦人髽帶麻于房中士既殯說髦此云小斂蓋諸侯禮也士之既殯諸侯之小斂於死者俱三日也婦人之髽帶麻於房中則西房也天子諸侯有左右房○馮皮冰反本或作憑後皆同袒大旱反說髦本作稅同他活反徐他外反注同髦音毛髽側瓜反

【疏】正義曰此一節明人君大夫士等小斂之節及拜迎於賓及奠祭弔者之儀各隨文解之○主人即位于戶內者以初時尸在牖下主人在戶東今小斂在戶內故主人在戶內稍東西面○主人馮之踊者斂訖主人馮尸而踊○主婦亦如之者馮尸竟亦踊與男子同也○主人袒者鄉小斂不袒今方有事故袒衣也士喪禮馮尸巳竟而云髺髮袒此未括髮先云袒者或人君禮也○說髦者髦幼時翦髮爲之至年長則垂著兩邊明人子事親恒有孺子之義也若父死說左髦母死說右髦二親並死則並說之親沒不髦是也今小斂竟喪事巳成故說之也案鄭注士既殯說髦今小斂而說者人君禮也括髮以麻者以用也人君小斂說髦竟而男子括髮括髮用麻也士小斂後亦括髮但未說髦耳○婦人髽者婦人髽亦用麻也對男子括

髮也○帶麻于房中者帶麻麻帶也謂婦人要絰也士喪禮云婦人之帶牡麻結本在房鄭云婦人亦有苴絰但言帶者記其異此齊衰婦人斬衰婦人亦苴絰也帶男子帶絰于東房而婦人帶絰在西房既與男子異處故特記其異也婦人重帶故云帶而畧於絰也于房中者謂男子說髦括髮在東房婦人髽帶麻於西房也○注士既至右房○正義曰士之既殯諸侯之小歛於死者俱三日也者謂數往日也云婦人之髽帶麻於房中則西房也者案士喪禮主人髺髮袒衆主人免于房鄭注云釋髺髮宜於隱者是主人等括髮在東房士喪禮又云婦人髽于室以男子在房故婦人髽于室大夫士唯有東房故也此經兼明諸侯之禮有東西房男子既括髮於東房故知婦人髽及帶麻于西房云天子諸侯有左右房者欲明經中房是西房也天子路寢制如明堂熊氏云左房則東南火室也右房則西南金室也諸侯路寢室在於房中○在室之東西也○

徹帷男女奉尸夷于堂降拜

夷之言尸也於遷尸主人主婦以下從而奉之孝敬之心降拜拜賓也○奉芳勇反注同夷于堂如字陳也本或作侇同音移一本作奉尸于堂從才用反又如字

【疏】正義曰此一經明士之喪小歛訖徹帷夷尸之節○徹帷者初死恐人惡之故有帷也至

小斂衣尸畢有飾故除帷也此士禮耳諸侯及大夫賓出乃徹帷事見於下文男女奉尸夷于堂者夷陳也小斂竟相者舉尸將出戶往陳于堂而孝子男女親屬並而扶捧之至堂以極孝敬之心也○降拜者降下也既陳於堂則適子下堂拜賓也○君拜寄公國賓大夫士拜卿大夫於位於士旁三拜夫人亦拜寄公夫人於堂上大夫内子士妻特拜命婦氾拜衆賓於堂上衆賓謂士妻也尊者皆特拜拜士與其妻皆旅之○氾芳斂反主人即位襲帶絰踊即位阼階之下位也有襲絰乃踊尊卑相變也母之喪即位而免記異者禮斬衰括髮齊衰免以至成服而冠爲母重初亦括髮既小斂則免○免音問後放此乃奠小斂奠也弔者襲裘加武帶絰與主人拾踊始死弔者朝服裼裘如吉時也小斂則改襲而加武與帶絰矣武吉冠之卷也加武者明不改冠亦不免也檀弓曰主人既小斂子游趨而出襲裘帶絰而入○拾其劫

反禓思歷反卷起權反○〔疏〕正義曰此一節明君大夫士小斂訖拜賓也○君拜寄公國賓者君謂嗣君也小斂尸出堂嗣君下堂拜賓也寄公尊故先言之也拜寄公及國賓並就於其位鄉而拜之故鄭注士喪禮云拜賓鄉賓位拜之是也○大夫士者嗣君又次拜大夫士也大夫士既是先君之臣皆同有斬衰之服而小斂訖出庭列位故嗣君出拜之也○拜卿大夫於位者此更申明拜卿大夫士之異卿大夫則就其位鄉而拜之也○於士旁三拜者旁猶面也若拜於士士賤不可人人拜之故每一面并唯三拜也必三拜者士有三等故三拜之故士喪禮云大夫特拜士旅之隱義云士有三等一等一拜故三下膝也一云旁猶不正也或云衆士都共三拜也○夫人亦拜寄公夫人於堂上者婦人無下堂位並在堂上故夫人拜寄公妻於堂上也○大夫內子士妻者夫人亦拜大夫士之妻也卿妻曰內子大夫妻曰命婦此不云命婦者欲見卿妻與命婦同也○特拜命婦者此更申明拜命婦與士妻之異也特猶獨也謂人人拜之尊故也特拜命婦則內子亦然也○汜拜衆賓者謂不特也衆賓士妻賤故汜拜之亦旁三拜也○於堂上者拜命婦及士妻亦並於堂上也此經唯舉君喪拜賓不云大夫士喪拜賓者文不具也其大夫士之喪拜賓亦然也故士喪禮云主人拜賓

大夫特拜士旅之是也按上注小斂之後寄公門西東面國
賓門西北面大夫當在門東北面士當在門西國賓之南東
面嗣君於阼階之下少南鄉其位而拜之案上注云寄公夫
人命婦小斂之後尸西東面其嗣君夫人本位在西房當在
西房之外南面拜女賓也若士妻於阼階上西面拜賓也以
無西房故也以上皆是皇氏所說熊氏以爲大夫士拜卿大
夫士者是卿大夫士家自遭喪小斂後拜卿大夫於位士旁
三拜大夫內子士妻亦謂大夫士妻家自遭喪小斂後拜命
婦及拜士妻之禮大夫士各自遭喪并言之者以其大夫士
家喪小斂後拜賓同故也此即君大夫士之喪小斂後拜賓
目與上文未小斂時文類其義踰於皇氏矣○主人即位○者
正義曰主人拜賓之後稍近北即阼階下位○襲帶經踊者
拜賓時袒今拜訖襲衣加要帶首經於序東復位乃踊也○
注即位至變也○正義曰前經注云未小斂主人即位西階
下東面位恐此亦然故明之云阼階之下必知然者以士喪
禮小斂後衆主人東即位又云主人即位踊襲經于序東復
位故知此即位在阼階下也云有襲經乃踊尊卑相變也者
案士喪禮先踊乃襲經此先襲經乃踊士爲卑此據諸侯爲
尊故云尊卑相變也○母之喪即位而免○正義曰爲父喪
拜賓竟而即阼階下位又序東帶經猶括髮若爲母喪至拜

賓竟即位時不復括髮以免代之免以襲絰至大斂乃成服也所以異於父也乃奠者奠謂小斂奠也拜賓襲絰踊竟後始設小斂之奠也○弔者至拾踊○弔者謂小斂之後來弔者揜襲裘之上裼衣若未小斂之前來弔者裘上有裼衣裼衣上有朝服開朝服露裼衣今小斂之後弔者以上朝服揜襲裘上裼衣加武者賀氏云武謂吉冠之卷主人既素冠素弁故弔者加素弁於武○帶絰者帶謂要帶絰謂首絰緦之絰帶以朋友之恩故加帶與絰也若無朋友之恩則無帶唯絰而已○與主人拾踊者拾更也謂主人先踊婦人踊弔者踊三者三是與主人更踊○注始死至而入○正義曰知始死弔者朝服裼裘者檀弓云子游裼裘而弔是也知朝服者論語云羔裘玄冠不以弔是也小斂之後不用弔則小斂之前可以弔云小斂則改襲而加武與帶絰者約子游之弔也云加武者明不改冠亦不免也者凶冠則武與冠連不別有武免亦無武今云加武明不改作凶冠亦不作免弔所以有免以冠代祖免親及朋友皆在他邦嫌有免理故云亦不免引檀弓曰以下者證小斂之前裼裘小斂之後襲裘賀氏以爲加素弁於吉冠之武解經文似便與鄭注不改冠其義相妨熊氏云加武帶絰謂有朋友之恩以絰加於武連言帶耳熊氏又云小斂之時君於臣大夫於士士於朋友之恩若兩

大夫不假朋友之恩皆朝服襲裘加經於玄冠之上若大夫士無朋友之恩皆玄冠朝服襲裘而已若士大斂之時有朋友之恩者及兩大夫相爲并君於大夫皆皮弁服襲裘加弁經故雜記云大夫與殯亦弁經殯則大夫大斂也君於士大夫士自相於無朋友恩者視大斂則亦皮弁服襲裘無弁經也故士喪禮云君於士視大斂注云皮弁服襲裘無經也故服問云公爲卿大夫錫衰若當事則弁經不云士則士雖當事不弁經君於士尚皮弁明君於卿大夫亦皮弁當事弁經與士異也此所云皆謂未成服之前弔服也若成服之後其錫衰緦衰之等已具上檀弓疏然熊氏以武上加經與帶帶文相妨其義未善兩家之說未知孰是故備存焉○**君喪虞人出木角狄人出壺雍人出鼎司馬縣之乃官代哭**代更也未殯哭不絕聲爲其罷倦既小斂可以爲漏刻分時而更哭也木給爨竈角以爲斞水斗壺漏水之器也冬漏以火爨鼎沸而後沃之此挈壺氏所掌也屬司馬司馬涖縣其器○壺音胡縣音玄及下注同更古行反下同罷音皮倦其卷反漏音陋爨七亂反又七官反下爨鼎同斞音俱水斗也隱義云容四升也挈苦結反又音結○**大夫官代哭不**

縣壺下君也○下戶嫁反下成君不相下下大夫同士代哭不以官自以親疏哭也

君堂上二燭下二燭大夫堂上一燭下一燭

士堂上一燭下一燭燭所以照饌也滅燎而設燭○饌仕眷反燎力召反又力弔反

疏君喪至一燭○正義曰此一節論君及大夫士小斂後代哭之異○君喪虞人出木角者虞人主山澤之官故出木與角○狄人出壺者狄人樂吏主挈壺漏水之器故出壺雍人出鼎者雍人主亨飪故出鼎也所以用鼎及木者冬月恐水凍則鼎漏遲遲更無準則故取鼎煖水用虞人木爨鼎煑之故取鼎及木也○司馬縣之者司馬夏官卿也其屬有挈壺氏掌知漏事故司馬自臨視縣漏器之時節故挈壺氏云凡喪縣壺以代哭者○乃官代哭者縣漏分時使均其官屬更次相代而哭使聲不絕也○注燭所至設燭○正義曰有喪則於中庭終夜設燎至曉滅燎而日光未明故須燭以照祭饌也

賓出徹帷君與大夫之禮也士卒斂即徹帷徹或爲廢

疏正義曰士小斂竟而徹帷此至小斂竟下階拜賓賓出後乃除帷是人君

哭尸

及大夫禮舒也注云士卒斂即徹帷者士喪禮文

于堂上主人在東方由外來者在西方諸婦南鄉由外來謂奔喪者也無奔喪者婦人猶東面○鄉許亮反〖疏〗正義曰此一節通明小斂後尸出在堂時法也○主人在東方者主人之位猶在尸東婦人之位亦猶在尸西如室中也○由外來者在西方者由從也從外來謂新奔喪者若於時有新奔喪從外來者則居尸西方也所以爾者阼階有事故升自西階乃就西方又一通云欲見異于在家者故在西方也若未小斂而奔者則在東方也故奔喪注云其未小斂而至與在家同是也○諸婦南鄉者諸婦主婦以下在家者若無奔喪者則婦人位本在西方東鄉今既有外新奔者故移辟之而近北以鄉南也婦人迎客送客不下堂下堂不哭男子出寢門見人不哭婦人所有事自堂及房男子所有事自堂及門非其事處而哭猶野哭也出門見人謂迎賓客者也○處昌慮反○其無女主則男主拜女賓于寢門内其無男主則女主拜男賓于阼階下子幼

則以衰抱之人爲之拜爲後者不在則有爵者辭無爵者人爲之拜在竟內則俟之在竟外則殯葬可也喪有無後無無主拜者皆拜賓於位也爲後者有爵攝主爲之辭於賓耳不敢當尊者禮也○衰七雷反人爲于僞反下人爲注爲下爲君皆同竟音境下同【疏】婦人迎客送客不下堂下堂不哭至喪有無後無無主○正義曰此一節明小斂之後男主女主迎送弔賓及拜賓之位又廣明喪主不在之義婦人質故迎客送客不下堂○下堂不哭者敵者不下堂若有君夫人弔則主婦下堂至庭稽顙而不哭也男子出寢門見人不哭者男子遭喪敵者來弔不出門若有君命則出門迎亦不哭也故士喪禮君使人弔徹帷主人迎于寢門外見賓不哭是也○其無女主則男主拜女賓於寢門內者此以下明喪無主而使人攝者禮也若有主則使男主拜男賓女主拜女賓若無女主者則男主拜女賓于寢門內也○其無男主則女主拜男賓于阼階下者若無男主者亦使女主拜男賓於阼階下位也鄭云女有下堂明謂此也男拜女賓于門內少遠階下而猶不出門也○子

幼則以衰抱之人爲之拜者若有子雖幼小則以衰抱之爲主而人代之拜賓也○爲後者不在者謂主出行不在而家有喪則有爵者辭者謂不在家之主有官爵其攝主無官爵則辭謝於賓云已無爵不敢拜賓○無爵者人爲之拜者謂不在之主無官爵其攝主之人而爲主拜賓也○在竟内則俟之者若主行近在國竟之内則俟其還乃殯葬也在竟外則殯葬可也者若主行在國外計不可待則殯殯後又不可待則葬可也○喪有無後無無主者釋所以必使人攝及其衰抱幼之義無後已自絕嗣無嗣於人故可無後也若無主則相對賓有闕故四鄰里尹主之是無得無主也

君之喪三日子夫人杖五日旣殯授大夫世婦杖子大夫寢門之外杖寢門之内輯之夫人世婦在其次則杖即位則使人執之子有王命則去杖國君之命則輯杖聽卜有事於尸則去杖大夫於君所則輯杖於大夫所則杖

三日者死之後三日也爲君杖不同日人君禮大可以見親疏也輯斂也斂者謂舉之不以柱地也夫人世婦次於房中即位堂上堂上近尸殯使人執杖不敢自持也子於國君之命輯杖下成君不敢敵之也卜卜葬卜日也凡喪祭虞而有尸大夫於君所輯杖謂與之俱即寢門外位也獨爲則杖君謂子也於大夫所杖俱爲君杖不相下也○輯側立反下同斂也去起呂反後去杖皆同見賢遍反近附近之近

【疏】正義曰此一節廣明君及大夫士三日之後杖之節各依文解之○子大夫寢門之外杖者子謂兼適庶及世子也○寢門殯宮門也○子大夫廬在寢門外得持杖柱地行以至寢門也○寢門之內輯之者斂之不柱地殯柩在門內神明所在故入門斂之不敢杖地也若庶子至寢門則去杖不得持入也此大夫與子同者謂大夫特來不與子相隨也若與子相隨子杖則大夫子輯子輯則大夫去杖故下文云大夫於君所則輯杖是也夫人世婦在其次則杖者次謂婦人居喪之地在房內則得持杖柱地也○即位則使人執之者婦人之位在堂上有殯若出房即位則不復自執但使人代執之自隨不柱地也○子有王命則去杖者子亦謂世子也世子若有天子之命則對之則不敢杖故云之以尊王命也○國君之命則輯

杖者國君若鄰國之君使人來弔雖爲敵國而世子自卑未敢比成君故自斂杖以敬彼君命也○聽卜有事於尸則去杖者聽卜謂卜葬卜日也有事於尸謂虞及卒哭祔祭事尸時也敬卜及尸故去杖也○大夫於君所則輯杖者君謂世子也若大夫與世子俱來在門外位大夫則輯杖敬嗣君也○於大夫所則杖者大夫若不與世子俱來而與諸大夫俱在門外位既同是爲君杖無相敬下故並得執杖拄地也○注三日至下也○正義曰知死後三日者下文云士之喪二日而殯三日之朝主人杖則知君大夫三日者與士同故知死後三日也云爲君杖不同日人君禮大可以見親疏也者以下云大夫之喪既殯主人主婦室老皆杖今君喪親疏杖不同日是人君禮大可以見親疏也熊氏云經云子杖通女子在室者若嫁爲他國夫人則不杖嫁爲卿大夫之妻與大夫同五日杖也喪服四制七日授士杖君之女及内宗外宗之屬嫁爲士妻及君之女御皆十日杖云夫人世婦次於房中者謂西房也故上文云婦人髽帶麻于房中是也云即位堂上者前文云夫人亦拜寄公夫人於堂上是即位堂上也云卜卜葬卜日也者以經文卜在有事於尸之前虞而立尸虞祭之前卜者惟卜葬日耳故知卜謂卜葬日也云凡喪祭虞而有尸者檀弓云虞而立尸又士虞禮有尸是虞有尸也

云大夫於君所輯杖謂與之俱即寢門外位也者以經云子大夫寢門之外杖故知是寢門外位若寢門內位則君亦輯之大夫當去杖也云君謂子也云以經前云子後云君嫌是別人故云君謂子也者於大夫所杖俱爲君杖不相下也者謂大夫於大夫所是兩大夫相對故云俱爲君不相降下也

大夫之喪三日之朝既殯主人主婦室老皆杖大夫有君命則去杖大夫之命則輯杖內子爲夫人之命去杖爲世婦之命授人杖大夫有君命去杖此指大夫之子也而云大夫者通實大夫有父母之喪也授人杖與使人執之同也○爲夫于僞反下及注妾爲君爲人得並同

【疏】○大夫至人杖○正義曰此一節明大夫杖節三日之朝既殯者謂死後三日既殯之後乃杖也○主人主婦室老皆杖者應杖者三日悉杖也大夫有君命則去杖者大夫即大夫嗣子也嗣子而云大夫者鄭云通實大夫有父母之喪也對君命亦然也大夫及嗣子有君命則去杖以敬之也大夫之命則輯杖者若嗣子對彼大夫之使則斂杖以自卑下之也若兩大夫自相對則不去杖斂

無所下也○內子爲夫人之命去杖者內子卿妻若卿大夫妻有夫及長子喪君夫人有命弔已者皆爲夫人之命去杖也○爲世婦之命授人杖者若有君之世婦命弔內子敬之則使人執杖以自隨也世婦卑於夫人隨而不去也經云大夫之喪不舉命婦而舉內子卿妻者舉內子則命婦可知也文相互也欲見卿喪與大夫同○注通實至喪也○正義曰經云大夫之喪則其子非大夫也今云大夫有君命是謂子爲大夫經雖以子爲主兼通身實爲大夫有父母喪也

士之喪二日而殯三日之朝主人杖婦人皆杖於君命夫人之命如大夫於大夫世婦之命如大夫士二日而殯者下大夫也士之禮死與往日生與來日此二日於死者亦得三日也婦人皆杖謂主婦容妾爲君女子子在室者子皆杖不以即位子謂凡庶子也不以即位與去杖同大夫士哭殯則杖哭柩則輯杖哭殯謂既塗也哭柩謂啓後也大夫士之子於父父也尊近哭殯可以杖天子諸侯之子於父父也君也尊遠杖不入廟門弃杖者斷而

弃之於隱者以喪至尊爲人得而褻之也○棄本亦作古弃字斷丁管反注斷瓜同

疏 士之至隱者○正義曰此一節明士之杖節○二日而殯者除死日爲二日也○三日之朝者謂殯之明日是也○於君命夫人之命如大夫者謂士之子於君命其妻於夫人之命如大夫之禮君命夫人之命皆去杖○於大夫世婦之命如大夫者謂士之子於大夫之命其妻於世婦之命如大夫於大夫之禮大夫之命則輯杖世婦之命則授人杖也於大夫世婦之命如大夫定本如大夫作如夫人二字異義亦通○注士二日至室者○正義曰案前文大夫三日殯此士二日殯是降下大夫也云士之禮死與往日生與來日者殯是爲死者故數往日爲三日杖是爲生者故數來日爲三日云主婦容妾爲君女子子在室者前經大夫之喪云主人主婦此士之喪直云婦人皆杖婦人是衆羣婦故知容妾爲君及女子子在室者也以其皆杖故也○子皆杖不以即位○正義曰皇氏云子謂大夫士之庶子也不以杖即位辟適子也所以知此是大夫士庶子者見下有大夫士適子哭殯哭柩推此六夫士適子故知此是大夫士之庶子也然案鄭注此云子謂凡庶子也凡於貴賤則庶子是也容人君適子人門輯杖猶得即位庶子宜在門外之位去之故無即門內之位理

也大夫士之適子則得哭殯哭柩如下所說其庶子則宜與人君之庶子同並不得以杖即位也熊氏云此文承上君大夫士之喪下則此謂君大夫士之庶子故注云子謂凡庶子義亦通也○注不以至杖同○正義曰不以杖即位鄭恐人疑庶子雖不得以杖即位猶得輯之入門故明之也言與去杖同凡去杖者不復輯也○大夫士哭殯則杖哭柩則輯杖○正義曰大夫士謂大夫士之適子哭殯則杖者既攢塗之後於父父也其尊偪近故哭殯可以杖也哭柩則輯杖者謂將葬既啓之後對柩爲尊則斂去其杖○注哭殯至廟門○正義曰哭柩謂啓後也者啓謂將葬啓殯而出柩也知非未殯之前而哭柩者大夫士之喪未殯之前則未杖也云天子諸侯之子於父父也君也尊遠杖不入廟門者天子諸侯其尊廣遠廟門之內則去杖廟門謂殯宮之門柩之所在故云廟也○棄杖者斷而棄之於隱者○杖是喪至尊之服雖大祥棄之猶恐人褻慢斷之不堪他用棄於幽隱之處使不穢污

君設大盤造冰焉大夫設夷盤造冰焉士併瓦盤無冰設牀襢第有枕含一牀襲一牀遷尸于堂又一牀皆有

枕席君大夫士一也此事皆沐浴之後宜承濡濯弃於坎下札爛脫在此耳造猶內也襢笫袒簀也謂無席如浴時牀也禮自仲春之後尸既襲既小斂先內冰盤中乃設牀於其上不施席而遷尸焉秋涼而止士不用冰以瓦爲盤併以盛冰耳漢禮大盤廣八尺長丈二深三尺赤中夷盤小焉周禮天子夷盤士喪禮君賜冰亦用夷盤然則其制宜同之○盤本又作槃步丁反造七報反下及注皆同併步頂反注同襢之善反單也注同笫側里反含胡暗反濡奴亂反下文同濯直孝反下文同坎口感反札側八反爛力旦反簀音責盛音成廣古曠反長直亮反深尸鴆反

【疏】君設至一也○正義曰此一節明初死沐浴之節○造冰焉者謂造內其冰於盤中也○大夫設夷盤者小於大盤亦內冰焉○士併瓦盤無冰者瓦盤既小故併盤士卑故無冰○設牀襢笫者置冰於下設一牀於上去席襢袒笫簀○有枕含一牀襲一牀遷尸于堂又一牀者言此三節各自有牀也○皆有枕席者唯含一時暫徹枕使面平故士喪禮云商祝徹枕設巾是也含竟而並有枕也而含襲及堂皆有席故鄭注士喪禮商祝襲衣於牀牀次含牀之東衽如初又注士喪禮設牀笫於兩楹之間衽如初有枕云衽寢臥之席也亦下莞上簟是也○君大夫士一也者自設牀

禮第至此以下貴賤同然也○注造猶至同之○正義曰造是造詣凡造詣者必入於內故云造猶內也云禮第祖賓也謂無席如浴時牀也者浴時無席爲漏水也設冰無席爲通寒氣也云禮自仲春之後尸既襲既小斂先內冰盤中者若人君仲春則用冰若命夫命婦則火出之後而用冰故昭四年左傳云獻羔而啓之公始用之謂仲春也又云火出而畢賦周禮凌人夏須冰是卿大夫以下三月以後而得用冰也云既襲既小斂者謂大夫士也既襲謂大夫也既小斂謂士也皆是死之明日若天子諸侯亦三日而設冰也在襲斂之前也云夷盤小焉者謂小於大盤云周禮天子夷盤者案周禮凌人云大喪共夷盤冰是也但天子之夷盤即此之大盤也依尸而言則曰夷盤此云夷盤者據大夫所用對君大盤爲小云士喪禮君賜冰亦用夷盤者案士喪禮云士有冰用夷盤何不言君賜知君賜皆諸侯之士既畢若無君賜何得用冰云其制宜同之者以天子夷盤此大夫云夷盤士喪禮又云夷盤三者俱有夷名是其制宜同但大小稍異也

始死遷尸于牀幠用斂衾去死衣小臣楔齒用角柶綴足用燕几君大夫士一也牀謂所設牀第當牖者也士喪

禮曰士死於適室幠用斂衾去死衣病時所加新衣及復衣也去之以俟沐浴○幠荒胡反去死起呂反注同楔桑結反柶音四綴丁劣反又丁衛反下注同適室丁歷反又

【疏】正義曰此一節反明初死沐浴之節此經論初死之時下經論死後而沐浴前經論浴後設冰經文顛倒故鄭注前經云此事皆沐浴之後宜承濡濯弃於坎下今依鄭次隨文解之○遷尸于牀者尸初在地冀生氣復而既不生故更遷尸于牀而離初死處以近南當牖也即前所謂既正尸也幠用斂衾者幠覆也斂衾者將擬大斂之時衾被也既遷尸在牀而用斂衾覆之也去死衣者既覆之故除去死時衣所加新衣及復衣爲尸將浴故也小臣楔齒用角柶者楔柱也柶以角爲之長六寸兩頭曲屈爲將含恐口閉急故使小臣以柶柱張尸齒令開也○綴足用燕几者爲尸應著屨恐足辟戾亦使小臣用燕几綴拘之令直也案既夕禮云綴足用燕几校在南御者坐持之鄭注云云尸南首几脛在南以拘足如鄭此言則側几於足今几腳南出以拘尸足兩邊不令辟戾崔氏云燕几今之燕几其形曲卻而拘足與鄭違其義非也○君大夫士一也者自始死至此貴賤同○注牀謂至者也○正義曰第牀簀也初廢牀者牀在北壁當戶至復鬼後遷之在牀而當牖南首所以死後必遷當牖南首者以平生寢

卧之處故士昏禮同牢在奧又云御衽于奧媵衽良席在東北止又曲禮云爲人子者居不主奧是尊者常居之處若晝日常居則當戶故玉藻云君子之居恒當戶若病時亦當戶在北牖下取鄉明之義。故鄭前注病者恒居北牖下明不病不恒居北牖下也

管人汲不說繘屈之盡階不升堂授御者御者入浴小臣四人抗衾御者二人浴浴水用盆沃水用枓浴用巾挋用浴衣如它日小臣爪足浴餘水弃于坎其母之喪則内御者抗衾而浴

抗衾者蔽上重形也挋拭也爪足斷足爪也○管人如字掌管籥之人又古亂反掌館舍之人也下同汲音急說吐活反繘均必反汲水綆也抗苦浪反舉也盆蒲奔反沃烏谷反枓音主又音斗絺勑其反一本作綌去逆反挋音震它音他下同拭音式

【疏】此管人至而浴○正義曰此一經明浴時也管人主館舍者故鄭注士喪禮管人有司主館舍者汲謂汲水不說繘屈之者繘汲水瓶索也遽促於事故不說去井索但縈

屈執之於手中○盡階不升堂者以水從西階而升盡不上堂知西階者以士喪禮云爲垼于西牆下故知從西階而升也○浴水用盆者用盆盛於浴水也○沃水用枓者用枓酌盆水沃尸熊氏云用盤於牀下承浴水○浴用絺巾者絺是細葛除垢爲易故用之也士喪禮云浴巾二皆用綌熊氏云此蓋人君與大夫禮或可大夫上絺下綌故玉藻云浴用二巾上絺下綌是也○挋用浴衣者挋拭也用生時浴衣拭尸肉令燥也賀氏云以布作之生時有此也士喪禮云浴衣於篋注云浴衣已浴所衣之衣以布爲之其制如今通裁是也○如它日者它日謂平生尋常之日也○小臣爪足者尸浴竟而小臣翦尸足之爪也○浴餘水棄于坎者浴盆餘汁棄之於坎中坎者是甸人所掘於階間取土爲竈之坎甸人主郊野之官○其母之喪則內御者抗衾而浴者內外宜別故用內御舉衾也內御婦人亦管人汲事事如前唯浴用人不同耳

管人汲授御者御者差沐于堂上君沐粱大夫沐稷士沐粱甸人爲垼于西牆下陶人出重鬲管人受沐乃煮之甸人取所徹廟之

西北厞薪用爨之管人授御者沐乃沐。沐用瓦盤挋用巾如它日小臣爪手翦須濡濯弃。于坎

差浙也浙飯米取其潘以爲沐也浴沃用枓沐於盤中文相變也士喪禮沐稻此云士沐粱蓋天子之士也以差率而上之天子沐黍與○差七何反注差浙同沐音木甸田遍反垼音役鄭注儀禮云塊竈也陶音桃重直龍反鬲音歷煑諸許反厞扶味反隱也舊作扉音非門扉也爨七逭反浙先歷反潘方袁反米汁也差初佳反率音律又音類上時掌反

〔疏〕管人至于坎○正義曰此一節明沐也○管人汲授御者御者差沐于堂上者差謂浙米取其潘汁也君沐粱大夫沐稷士沐粱者皆謂用其米取其汁而沐也○甸人爲垼于西牆下者謂將沐之時甸人之官爲垼于西牆下土垼墼竈甸人具此爲垼竈以煑沐汁○陶人出重鬲者陶人作瓦器之官也重鬲者謂縣重之罌也是瓦瓶受三升以沐米爲粥實於瓶以疏布冪口繫以篾縣之覆以葦席管人受沐乃煑之者浙於堂上管人亦升盡等不上堂而就御者受浙汁下往西牆於垼竈鬲中煑之也何人取所徹廟之西北厞薪用爨之者爨然也甸人爲竈竟又取復魄人所

徹正寢西北扉以然竈煑沐汁也謂正寢爲廟神之也然舊
云扉是屋簷也謂抽取屋西北簷也熊氏云扉謂西北隅扉
隱之處徹取此屋外當扉隱處薪義亦通也何取此薪而用者
示主人已死此堂無復用故取之也○管人授御者沐者煑
汁執而管人又取以升階授堂上御者使沐沐也○乃沐者御
者授汁入爲尸沐也○沐用瓦盤者盤貯沐汁就中沐也○
挋用巾者用巾拭髮及面也士喪禮云沐巾一又云挋用巾
注云巾晞也淸也○如它日者事事亦如平生也○小臣爪
手翦須者沐竟而翦手瓜又治須象平生也濡濯弃于坎者
皇氏云濡謂煩潤其髮濯謂不淨之汁也言所濡濯汁棄於
坎中鄭注士喪禮云巾櫛浴衣亦并棄之其坎築既夕禮云
掘坎南順廣尺輪二尺深三尺南其壤此沐汁棄於坎則浴
汁亦然○注差淅至黍與○正義曰差是差摩故云淅詩云
釋之叟叟是釋淅米也云取其潘以爲沐也者士喪禮云受
潘煑于垼用重鬲云浴沃用料沐於盤中文相變也者謂沐
與浴俱有料俱有盤浴云用料沐云用盤是文相變也云士
喪禮沐稻此云士沐粱蓋天子之士也者若士喪禮云是諸
侯之士而沐稻今此云士沐粱故疑天子之士也云以差率
而上之天子沐黍與者案公食大夫禮黍稷爲正饌稻粱爲
加是稻粱卑於黍稷就稻粱之內粱貴而稻賤是稻人所常

種粱是穀中之美故下曲禮云歲凶大夫不食粱故諸侯之士用稻天子之士用粱黍稷相對稷雖爲重其味短故大夫用之黍則味美而貴故特牲少牢爾黍于席以其味美故也詩頌云其饟伊黍鄭注豐年之時雖賤者猶食黍是黍貴也故天子用之無正文故疑而云與也

君之喪子大夫公子衆士皆三日不食子大夫公子食粥納財朝一溢米莫一溢米食之無筭士疏食水飲食之無筭夫人世婦諸妻皆疏食水飲食之無筭納財謂食穀也二十兩曰溢於粟米之法一溢爲米一升二十四分升之一諸妻御妾也同言無筭則是皆一溢米或粥或飯○粥之育反又音育下同溢音逸劉昌宗又音實下同莫音暮疏食音嗣下及下注疏食皆同

〔疏〕君之至無筭○正義曰此一節廣明五服之喪自初死至除服君及大夫士食飲之節今各依文解之今此經特明君喪食之禮○納財者財謂穀也謂所食之米也言每日納用之米朝唯一溢米莫唯一溢米也食之無筭者言居喪困病不能頓食隨須則食故云無筭○

士疏食水飲者疏麤也食飯也士賤病輕故疏食麤米爲飯亦水爲飲○夫人世婦諸妻皆疏食水飲者婦人質弱恐食粥傷性故言疏食水飲也○注納財謂食穀也二十兩曰溢至是皆一溢米或粥或飯○正義曰財謂穀也故太宰云以九賦斂財賄也注云財謂泉穀是穀爲財但米由穀出經已稱米故鄭云食穀必言納財者以一日之中或粥或飯雖作之無時不過朝夕二溢之米當須豫納其米故云納財也云一溢爲米一升二十四分升之一者案律歷志黄鍾之律其實一籥律歷志合籥爲合則二十四銖合重一兩十合爲一升升重十兩二十兩則米二升與此不同者但古秤有二法說左傳者云百二十斤爲石則一斗十二斤爲兩則一百九十二兩則一升爲十九兩有奇今一兩爲二十四銖則二十兩爲四百八十銖計一十九兩有奇爲一升則總有四百六十銖八絫以成四百八十銖唯有十九銖二絫在是爲米一升二十四分升之一此大畧而言之云同言無筭則是皆一溢米或粥或飯者粥與疏食俱言無筭是疏食與粥者皆一溢米或粥謂食粥者或飯謂疏食也

大夫之喪主人室老子姓皆食粥衆士疏食水飲妻妾疏食水飲室老其貴臣也衆士所謂

衆臣士亦如之如其子食粥妻妾疏食水飲○〔疏〕大夫至如之○正義曰此經明大夫禮也○室老子姓皆食粥者室老謂貴臣子姓謂孫也不云衆子者主人中兼之○衆士疏食者謂非室老也案喪服傳云卿大夫室老士貴臣其餘皆衆臣鄭注云士邑宰此不云者邑宰雖貴以其遠於君與衆臣同案檀弓主人主婦歠粥此夫人世婦妻皆疏食者熊氏云檀弓云主婦謂女主故食粥也○既葬主人疏食水飲不食菜果婦人亦如之君大夫士一也練而食菜果祥而食肉果爪桃之屬○〔疏〕既葬至食肉○正義曰此一節明既葬至練祥君大夫士之食節也主人疏食水飲者熊氏云既葬哀殺可以疏食不復用一溢米也○食粥於盛不盥食於篹者盥食菜以醯醬始食肉者先食乾肉始飲酒者先飲醴酒盛謂今時杯杅也篹竹筥也歠者不盥手飲者盥篹或作篡○盥古緩反篹本又作匴又作算悉緩反又蘇管反醯呼雞反杅音于筥居呂反歠昌悅反飯扶晚反篡息

尹反徐音撰○〔疏〕食粥至醴酒○正義曰此一節明食之雜禮○食粥於盛不盥者以其歠粥不用手故不盥食於篹者盥者篹謂竹筥飯盛於篹以手就篹取飯故盥也○食菜以醯醬者謂練而食菜果者食之時以醯醬也○始食肉者先食乾肉始飲酒者先飲醴酒文承既祥之下謂祥後也然閒傳曰父母之喪大祥有醯醬禫而飲醴酒二文不同又庾氏云蓋記者所聞之異大祥既鼓琴亦可食乾肉矣食菜用醯醬於情爲安且既祥食果則食醯醬無嫌矣熊氏云此據病而不能食者練而食醯醬祥而飲酒也○

期之喪三不食食疏食水飲不食菜果三月既葬食肉飲酒期終喪不食肉不飲酒父在爲母爲妻九月之喪食飲猶期之喪也食肉飲酒不與人樂之食肉飲酒亦謂既葬○期音基下同爲母爲妻並于僞反下注爲其同與音預下同○〔疏〕期之至樂之○正義曰此一節論期與大功喪食之節也○期之喪三不食者謂大夫士旁期之喪三不食者謂義服也其正服則二日不食也故閒傳云齊衰二日不

食○九月至喪也者謂事同期也○五月三月之喪壹不食再不食可也比葬食肉飲酒不與人樂之叔母世母故主宗子食肉飲酒義服恩輕也故主謂舊君也言故主者關大夫及君也○比必利反不能食粥羹之以菜可也謂性不能者可食飯菜羹有疾食肉飲酒可也為其氣微五十不成喪成猶備也所不能備謂不致毀不散送之屬也〔疏〕五月至成喪○正義曰此一經明五月三月喪食之節○壹不至可也者壹不食謂緦麻再不食謂小功并言之也容殤降之緦麻再不食義服小功壹不食故揔以壹不食再不食結之故關傳去小功緦麻再不食殤降者也○注故主至君也○正義曰若是諸侯當云舊君主者大夫之○經云故主關大夫君也○注謂不致毀不散送之屬也○正義曰致毀謂致極哀毀散送謂經帶垂散麻以送葬故雜記云五十不致毀玉藻云五十不散送注云送喪不散麻○七十唯衰麻在身言其餘居處飲食與吉時同也既葬若君

食之則食之大夫父之友食之則食之矣不辟粱肉若有酒醴則辭尊者之前可以食美也變於顏色亦不可○食音嗣辟音避粱音良【疏】既葬至則辭○正義曰此一經明已有喪既葬尊者賜食之禮葬後情殺可從尊者奪也○君食之謂君食臣也大夫謂大夫食士也父友謂父同志者也其人並尊若命食孝子則可從之食也○不辟粱肉者粱粱米也雖以粱米之飯及肉命食孝子食之○若有酒醴則辭者若酒醴飲之則變見顏色故辭而不飲也

小斂於戶內大斂於阼君以簟席大夫以蒲席士以葦席簟細葦席也三者下皆有莞○簟徒點反葦于鬼反莞音官又音完【疏】小斂至葦席○正義曰此一節明君大夫士小斂大斂所用之席也士以葦席與君同者士卑不嫌故得與君同用簟也○注三者下皆○莞○正義曰知下皆有莞者案士喪禮記云設牀當牖下莞上簟士喪經云布席于戶內下莞上簟謂小斂席也大斂云布席如初注云亦下莞上簟如士始死至大斂用席皆同也士尚有莞則知君及大夫皆有莞也但此大夫辟君上席以蒲也若吉

禮祭祀則蒲在莞下故司几筵諸侯祭祀席蒲筵繢純加莞席紛純與此異也

小斂布絞縮者一橫者三君錦衾大夫縞衾士緇衾皆一衣十有九稱君陳衣于序東大夫士陳衣于房中皆西領北上絞紟不在列

絞既斂所用束堅之者縮從也衣十有九稱法天地之終數也士喪禮小斂陳衣於房中南領西上與大夫異今此同亦蓋天子之士也絞紟不在列以其不成稱不連數也小斂無紟因絞不在列見之也或曰縮者二○絞戶交反後同縮所六反縞古老反稱尺證反杜預云衣單複具曰稱後放此紟其鴆反後皆同從足容反數色主反見賢遍反○

【疏】小斂至在列○正義曰此以下至絺綌紵不入廣明君大夫士小斂大斂及襚所用之衣并所陳之處各隨文解之此一經明小斂之衣○布絞縮者一橫者三者以布爲絞縮從也謂從者一副豎置於尸下橫者三幅亦在尸下從者在橫者之上每幅之末析爲三片以結束爲便也○君錦衾大夫縞衾士緇衾皆一者謂大夫士等各用一衾故云皆一舒衾於此絞上○衣十有九稱者君大夫士同用

十九稱衣布於衾上然後舉尸於衣上屈衣裹又屈衾裹之然後以絞束之○君陳衣于序東大夫士陳衣于房中者謂將小斂陳衣也房中者東房也大夫士唯有東房故也○絞紟不在列者謂不在十九稱之列不入數也小斂未有紟因絞不在列而言紟耳○注衣十至之也○正義曰衣十有九稱法天地之終數者案易繫辭云天一地二天三地四天五地六天七地八天九地十天數終於九也地數終於十也人既終故云以天地終數斂衣之也云亦蓋天子之士者以前文士沐粱與士喪禮不同已云此蓋天子之士此經陳衣與士喪禮衣不同故云亦蓋天子之士也云以其不成稱不連數也者上衣下裳相對故爲成稱絞紟非衣故云不成稱經云不在列鄭恐今不布列故云不連數謂不連爲十九稱之列其實亦布陳也云小斂無紟者以下文大斂始云布紟今此經直云布絞故知無紟也

附釋音禮記注疏卷第四十四

大清嘉慶二十年重栞
宋本用文選樓藏本校

江西南昌府學栞

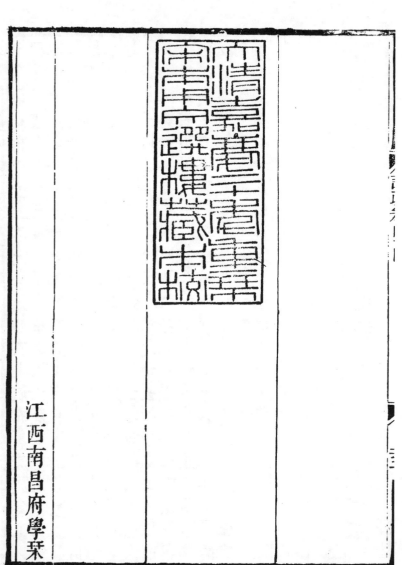

禮記注疏卷四十四挍勘記　阮元撰盧宣旬摘錄

附釋音禮記注疏卷第四十四 惠棟挍宋本禮記正義卷第五十三

喪大記第二十二

劉元云 閩監毛本同惠棟挍宋本元作先

疾病外內皆埽節

外內皆埽者 閩監毛本同考文云宋板上有正義曰三字

有疾病者齊 閩監毛本同考文云宋板病作疾浦鏜挍亦作有疾疾者齊

君大夫徹縣節

或爲北墉下 閩監毛本同岳本同嘉靖本同惠棟挍宋本無北字衞氏集說同按釋文出爲墉是亦無北字

君大至之手　惠棟挍宋本無此五字

疾困去樂之事　毛本同衞氏集說同閩監本去誤云下特縣又去同

東首于北墉下　閩監本作墉惠棟挍宋本同此本墉誤牖毛本誤墉

則暫時移鄉南墉下　閩監本同惠棟挍宋本墉作牖毛本亦作墉

君夫人卒於路寢節

士之妻　閩監毛本同岳本同嘉靖本同衞氏集說同石經作士士之妻段玉裁挍本云唐石經士士之妻是也各本脫一士字按正義云夫妻俱然故云皆也又云此云士死于寢是正義本經文有兩士字也

君夫至于寢　惠棟挍宋本無此五字

不就而燕息焉　閩監本同衞氏集說同惠棟挍宋本毛本焉並作也

皆婦人供視之　閩監本同毛本供改共

卽安謂夫人寢也惠棟挍宋本有就字衛氏集說同此本就字脫閩監毛本同

按莊公三十二年監本作二考文引宋板同此本二誤三閩毛本同公字各本並有考文引宋板獨無

小臣復節

捲衣投于前閩本同惠棟挍宋本石經宋監本岳本嘉靖本衛氏集說同釋文出捲衣監毛本捲作卷

小臣至而復惠棟挍宋本無此五字

此一節明復時閩監毛本同惠棟挍宋本節作經衛氏集說同

捲衣投于前閩本同惠棟挍宋本同監毛本捲作卷下捲斂同

從屋前投與司服之官閩監本同毛本與誤于衛氏集說亦作與

故云從生處來也閩監毛本同考文引宋板云作衣續通解同

而回往西北榮 閩監毛本同惠棟按宋本回作迴

故自陰幽而下也 閩監毛本同考文云宋板自作就衞氏集說續通解同

此東榮 惠棟按宋本有云字此本云字脫閩監毛本同

復衣不以衣尸節 惠棟按云復衣節宋本分婦人復不以袡爲一節凡復至稱字爲一節唯哭至死事爲一節

復衣不以衣至以斂 惠棟按宋本無此八字

是用生施死 閩監毛本同惠棟按宋本施下有於字

始卒主人啼節

主人啼 各本同石經同釋文出入諦云本又作啼○按依說文當作嗁从口虒聲假借作諦俗作啼

始卒至哭踊 惠棟按宋本無此五字

旣正尸節

旣正至北面　惠棟按宋本無此五字

依雅士禮　閩監毛本同考文云宋板雅作准續通解同

旣夕禮云設牀第當牖及遷尸是也　閩監毛本同浦鏜按云及當乃字誤

按記文遷尸上有衽下莞上簟設枕七字故云乃也

各在室女未嫁　考文云宋板各作容此本作各閩監毛本同

大夫之喪節

大夫至而哭　惠棟按宋本無此五字

此一經明大夫初有喪哭位之禮　閩監毛本同衛氏集說無一字大夫下有士字

君之喪未小斂節

士出迎大夫士也 閩監毛本同惠棟挍宋本無士字

大夫與士至小斂相偪也 惠棟挍宋本如此續通解同此本士至二字倒閩監本同毛本與士至誤於至士

凡主人之出也節

此時寄公位在門西 宋監本閩本同考文云宋板同岳本同嘉靖本同衞氏集說同監毛本時誤特

凡主至門外 惠棟挍宋本無此五字

但爵是卿大夫猶北面也 惠棟挍宋本作卿衞氏集說同此本卿誤卽閩監毛本同

俱與士喪禮違 閩監毛本同考文云宋板俱作但

小斂主人卽位于戸内節 惠棟校云小斂節徹帷節君拜節宋本合爲一節

鄭云婦人亦有苴絰 閩監毛本同考文云宋板無有字按士喪禮注作亦有考文所引宋板非是

諸侯路寢室在於中房 惠棟校宋本作中房此本中房二字倒閩監毛本同

君拜寄公節

氾拜衆賓於堂上 各本同石經氾作氾岳本作氾釋文同按釋文音芳斂反當作氾爲是

有襲經乃踊 閩監毛本同岳本同嘉靖本同衛氏集說同惠棟校云有當作先

小斂尸出堂 惠棟校宋本有畢字衛氏集說同此本畢字脫閩監毛本同

此更申明拜命婦與士妻之異也 惠棟校宋本作與此本與誤於閩監毛本同

及兩大夫相爲弁君於大夫 閩本同惠棟挍宋本同監本弁作拜似拜字毛本遂誤拜

無朋友恩者 閩本作朋惠棟挍宋本同此本朋誤朋監毛本朋誤服齊召南云當作無朋友恩者朋服字相近而誤蓋君於士也大夫於大夫也士於士也其用皮弁服襲裘並同所異者有朋友之恩則加弁經無朋友之恩則無弁經也

婦人迎客送客不下堂節

男子出寢門見人不哭 惠棟挍宋本石經宋監本岳本嘉靖本衞氏集說同續通解同閩監毛本同下衍外字陳澔集說同石經考文提要云宋大字本宋本九經南宋巾箱本余仁仲本劉叔剛本並無外字按疏述經亦無外字

出門見人謂迎賓也 惠棟挍宋本作謂迎賓也宋監本岳本嘉靖本衞氏集說同續通解同考

文引足利本同此本迎賓下衍客者二字閩監毛本同

婦人迎客至無無主　惠棟挍宋本無此八字

則出門迎亦不哭也　閩監毛本同惠棟挍宋本無迎字衛氏集說同

此以下明喪無主　惠棟挍宋本作此以此本此以二字倒閩監毛本同

無後已自絕嗣　閩監毛本同惠棟挍宋本已作則按考文引宋板但云無後下有則字不云已作則疑當作則無後則已自絕嗣

君之喪三日節　惠棟挍云君之喪節大夫節士之喪節宋本合爲一節

不以柱地也　宋監本岳本嘉靖本同釋文出以柱閩監毛本柱作拄衛氏集說同疏倣此

君之至則杖　惠棟挍宋本無此五字

則對之則不敢杖　閩監毛本同惠棟挍宋本無上則字

故並得執杖柱地也閩監毛本柱作拄考文云宋板無執字衛氏集說同

士之喪二日而殯節

弃杖者斷而弃之於隱者各本同石經同釋文出棄杖云本亦作古弃字

士之至隱者惠棟挍宋本無此五字

於君命夫人之命如大夫者惠棟挍宋本如此毛本同此本於誤若之誤而閩監本同

是降下大夫也惠棟挍宋本作是此本是誤定閩監毛本同

推此大夫士適子閩監毛本同惠棟挍宋本推作惟

同並不得以杖即位也惠棟挍宋本有故字續通解同此本故字脫閩監毛本同

君設大盤節惠棟挍云君設節宋本自在管人汲授御者節之後按坊本陳澔集說依用與

圖于氏本移置亦如此

宜承濡濯弃於坎下　各本同釋文出濡濯于坎段玉裁按本云濡當作渜

札爛脫在此耳　閩監毛本作札岳本同嘉靖本同徐氏集說同此本札誤礼考文云宋板足利本札作禮亦誤按釋文出札音側八反知作札不作礼

君設至一也　惠棟按宋本無此五字

者小於大盤　惠棟按宋本者上有夷盤二字此本夷盤二字脫閩監毛本同

始死遷尸于牀節

此一節反明初死沐浴之節　惠棟按宋本同徐氏集說亦作反閩監毛本反作又

故除去死時衣所加新衣及復衣　閩本同考文引宋板同監本時衣誤時之及誤乃毛本亦誤時之及字不誤

兩頭曲屈惠棟按宋本同衞氏集說同閩監毛本曲屈二字倒

鄭注云云戶南首閩監毛本同惠棟按宋本云字不重

今几𨚗南出閩監毛本同考文云宋板今作令衞氏集說同

初廢牀者牀在北壁當戶閩監毛本同惠棟按宋本者作時續通解同

賸衽良席在東北正閩監毛本正作上按浦鏜作在東北止云止古文趾。按浦鏜云是也說文有止無趾

取鄉明之義閩監毛本同惠棟按本義下有也字

管人汲不說繘節

餘水弃于坎惠棟按宋本石經宋監本岳本嘉靖本衞氏集說同閩監毛本弃作棄

管人至而浴惠棟按宋本無此五字

故不說去此索監本毛本作此非閩本此處缺惠棟挍宋本作井

生時有此也惠棟挍宋本作此續通解同此本此誤作閩監毛本同

管人汲授御者節

如它曰惠棟挍宋本石經宋監本岳本嘉靖本同閩監毛本它作他衛氏集說同按釋文上節出如它云音他下同謂此它字也石經考文提要云宋大字本宋本九經南宋巾箱本劉叔剛本並作它

濡濯弃于坎惠棟挍宋本同石經同岳本同嘉靖本同衛氏集說同閩監毛本弃作棄段玉裁挍云濡當作渜

管人至于坎惠棟挍宋本無此五字

土塈塹竈閩本同惠棟挍宋本同監毛本土誤士考文云宋板塹作墼衛氏集說亦作土塈塹竈

以疏布幂口惠棟挍宋本作幂衛氏集說同此本幂誤幕閩監毛本同

御者授汁 閩監毛本同盧文弨云授當作受

則浴汁亦然 閩監本同毛本亦然誤然也

君之喪子大夫節

子大夫公子食粥 惠棟挍宋本石經宋監本岳本嘉靖本同續通解同閩監毛本公子下衍衆士二字衛氏集說同陳澔集說同錢大昕云下文之士卽上文之衆士也衆士不在食粥之列石經考文提要云宋大字本宋本九經南宋巾箱本余仁仲本劉叔剛本並無衆士二字

食之無筭 各本同石經同毛本筭作算衛氏集說同下無筭並同

君之至無筭 惠棟挍宋本無此五字

計一十九兩有奇爲一升 閩監毛本同惠棟挍宋本無上一字衛氏集說同

以成四百八十銖 惠棟挍宋本作八十衛氏集說同此本八十誤六十閩監毛本同

大夫之喪節

大夫至如之 惠棟挍宋本無此五字

卿大夫室老士貴臣 毛本同衞氏集說同閩監本貴臣二字倒考文云宋板亦作貴臣

期之喪三不食節

期之至樂之 惠棟挍宋本無此五字

五月三月之喪節 惠棟挍云五月至成喪疏文四則宋本次在七十雖衰麻在身經注之後

關大夫及君也 閩監毛本同嘉靖本同衞氏集說同惠棟挍宋本無及字宋監本岳本同考文引古本同

五月至成喪 惠棟挍宋本無此五字

容殤降之惠棟挍宋本作殤衞氏集說同此本殤誤傷閩監毛本同下殤降者也同

大夫之稱經云故主惠棟挍宋本如此此本稱字故主二字並脫閩監毛本同衞氏集說亦有稱字

既葬若君食之節

既葬至則辭惠棟挍宋本無此五字

小斂於戶內節

小斂至葦席惠棟挍宋本無此五字

注三者下皆莞閩監毛本同考文云宋板皆下有有字

小斂布絞節

小斂至在列惠棟挍宋本無此五字

豎置於尸下惠棟挍宋本作豎衛氏集說同此本豎誤竪閩監毛本同

附釋音禮記注疏卷第四十四終惠棟挍宋本禮記正義卷第五十三記云凡三十一頁

禮記注疏卷四十四校勘記　監毛本同　宋本分卷

[illegible]

附釋音禮記注疏卷第四十五

禮記　鄭氏注　孔穎達疏

喪服大記

大斂布絞縮者三橫者五布紟二衾君大夫士一也君陳衣于庭百稱北領西上大夫陳衣于序東五十稱西領南上士陳衣于序東三十稱西領南上絞紟如朝服絞一幅爲三不辟紟五幅無紞二衾者或覆之或薦之如朝服者謂布精麤朝服十五升小斂之絞也廣終幅析其末以爲堅之强也大斂之絞一幅三析用之以爲堅之急也紞以組類爲之綴之領側若今被識矣生時禪被有識死者去之異於生也士喪禮大斂亦陳衣於房中南領西上與大夫異今此又同亦蓋天子之士紞或爲點○幅本

又作畐方服反爲三絕句不辟絕句補麥反又音壁徐扶移反紞丁覽反廣古曠反析思歷反下同強其丈反識式志反又音志又音式下同去起呂反下注同

【疏】大斂至無紞○正義曰此一節明大斂之事○大斂布絞縮者三者謂取布一幅分裂之作三片直用之三片即共是一幅也兩頭裂中央不通○橫者五者又取布二幅分裂之作六片而用五片橫之於縮下也布紟者皇氏云紟禪被也取置絞束之下擬用以舉尸也孝經云衣衾而舉之是也今案經云紟在絞後紟或當在絞上以絞束之且君衣百稱又通小斂與襲之衣非單紟所能舉也又孝經云衾不云紟皇氏之說未善也○二衾者小斂君大夫士各一衾。至大斂又各加一衾爲二衾其衾所用與小斂同但此衾一是始死覆尸者故士喪禮云幠用斂衾注大斂所并用之衾一是大斂時復制又注士喪禮云衾二者始死斂衾今又復制士既然則大夫以上亦耳○君陳衣于庭百稱北領西上者衣多故陳在庭爲榮顯案鄭注雜記篇以爲襲禮大夫五諸侯七上公九天子十二稱則此大斂天子當百二十稱上公九十稱侯伯子男七十稱今云君百稱者據上公舉全數而言之餘可知也或大斂襲五等同百稱也北領者謂尸在堂也○西上者由西階取之便也○大夫士陳衣于序東西領南上異於小斂北上者小斂衣少統於尸故比上大斂衣多故南上取之便也絞紟如朝服者言絞之與紟二者皆以布精麤皆如朝服俱十五升也○絞一幅爲三者謂以一幅之布分爲三段○不辟者辟擘也言小斂絞全幅析裂其末爲三而大斂之絞既小不復擘裂其末但古字假借讀辟爲擘也○紟五幅無紞者紟舉尸之禪被也紞謂緣飾爲識所以組類綴邊爲識今無識異於生也○注二衾至之士○正義曰朝服十五升者雜記文云以爲堅之强也者解小斂用全幅布爲絞欲得堅束力强以衣少故用全幅云以爲堅之急也者解大斂一幅分爲三片之意凡物細則束縛牢急以衣多故須急也云紞以組類爲之者組之般類其制多種故云組類云綴之領側若今被識矣者領爲被頭側謂被旁識謂記識言綴此組類於領及側如今被之記識引士喪禮以陳衣於房中與大夫異今此士陳衣與大夫同故云今此又同亦蓋天子之士

小斂之衣祭服不倒尊祭服也斂者要方散衣有倒○倒丁老反注及下同散悉但反

君無襚大夫士畢主人之祭服親戚之衣受之不以即陳無襚者不陳不以斂○襚音遂

小斂君大夫士皆

用複衣複衾大斂君大夫士祭服無筭君褶衣褶衾大夫士猶小斂也褶袷也君衣尚多去其著也○複音福褶音牒袷古洽反

〔疏〕小斂至斂也○正義曰祭服不倒者祭服謂死者所得用祭服以上者小斂十九稱不悉著之但用裹尸要取其方而衣有倒領在足間者唯祭服尊雖散不著而領不倒在足也○君無襚者國君陳衣及斂悉宜用已衣不得陳用他人見襚送者○大夫士畢主人之祭服者降於君也大夫士小斂則先畢盡用已正服後乃用賓客襚者也盧云畢盡也小斂盡主人衣美者乃用賓客襚衣之美者欲以美之故言祭服也○親戚之衣受之不以即陳者君親屬有衣相送受之而不以即陳列也士喪禮鄭注云大功以上有同財之義襚之不將命自即陳於房中小功以下及同姓皆將命○注無襚至以斂○正義曰如皇氏之意臣有致襚於君之禮故少儀云臣致襚於君但君不陳不以斂熊氏云君無襚大夫士謂小斂之時君不合以衣襚大夫士雖有君襚不陳不以斂故云無襚大夫士至大斂則得用君襚故士喪禮大斂時云君襚祭服不倒其義俱通故兩存焉○祭服無筭正義曰筭數也大斂之時所有祭服皆用之無限數也○注

褶袷至著也○正義曰君衣尚多去其著也者經云大夫士猶小斂則複衣複衾也據主人之衣故用複若襚亦得用袷也故士喪禮云襚以褶是也

袍必有表不禪衣必有裳謂之一稱

袍褻衣必有以表之乃成稱也雜記曰子羔之襲繭衣裳與稅衣纁袡爲一是也論語曰當暑袗絺綌必表而出之亦爲其褻也○袍步毛反禪音單繭古典反稅吐亂反纁許云反袡而廉反袗之忍反亦爲于僞反下文則爲同

〔疏〕袍必至一稱○正義曰袍必有表不禪者袍是褻衣必須在上有衣以表之不使禪露乃成稱也○注袍褻至褻也○正義曰引雜記者證子羔之襲有袍繭衣上加稅衣爲表乃成稱引論語者證衣上加表死則冬夏並用袍上並加表熊氏云褻衣所用尊卑不同士襲而用褻衣故士喪禮陳襲事爵弁服皮弁服禒衣注衣注云禒所以表袍者是襲有袍士喪禮小斂云祭服次散衣次注云禒衣以下袍繭之屬是小斂有袍士喪禮又大斂散衣是亦有袍若大夫襲亦有袍案雜記云子羔之襲繭衣裳是也斂則必用正服不用褻衣故檀弓云季康子之母死陳褻衣注云將以斂敬姜曰將有四方之賓來褻衣何爲陳於斯命徹之若公則襲及大小斂皆不用褻衣知者案雜記云公襲無袍繭襲輕尚

無則大小斂無可知也凡陳衣者實之篋取衣者亦以篋升降者自西階取猶受也○篋古協反凡陳衣不詘非列采不入絺綌紵不入不屈謂舒而不卷也列采謂正服之色也絺綌紵者當暑之褻衣也襲尸重形冬夏用袍及斂則用正服○詘丘勿反紵直吕反〔疏〕凡陳至不入○正義曰陳衣不詘者謂舒而不卷也○非列采不入者列采謂五方正色之采非列采謂雜色也不入陳之也○絺綌紵不入者絺是細葛綌是麤葛紵是紵布此褻衣故不入陳也○注襲尸至正服○正義曰如熊氏之意此謂大夫以下若公則襲亦不用袍凡斂者袒遷尸者襲袒者於事便也○便婢面反君之喪大胥是斂衆胥佐之大夫之喪大胥侍之衆胥是斂士之喪胥爲侍士是斂胥樂官也不掌喪事胥當爲祝字之誤也侍猶臨也大祝之職大喪贊斂喪祝卿大夫之喪掌斂士喪禮商祝主斂○大胥依注作祝之六反下同胥樂官思餘反〔疏〕凡斂

至是斂○正義曰此一節明斂之所用之人有祖有襲之法○凡斂者袒者凡斂謂執大小斂事也事多故袒爲便也○遷尸者襲者謂大斂於地乃遷尸入棺之屬事少故襲也○君之喪者此明人君斂用人之法○大胥是斂者大祝是接神者故使之執斂事也是猶執也衆胥佐之者衆祝喪祝也衆祝賤故副佐於大祝也○大夫之喪大胥侍之者大祝猶君之大祝也侍猶臨也君尊故大祝親執斂大夫卑故大祝臨之○衆胥是斂者衆祝周禮喪祝卑故親執斂也庾云侍者臨檢之也大夫言侍則君亦應有侍者未知何人也○士之喪胥爲侍者胥亦喪祝也士卑故祝臨之○士是斂者士之朋友來助斂也士喪禮云士舉遷尸是也○注胥當至主斂○正義曰知胥當爲祝者以胥是樂官不掌斂事故引大祝大喪贊斂及喪祝卿大夫之喪掌斂并引士喪禮商祝主斂明諸祝主斂也故引此文以證之商祝者案士喪禮注云商祝祝習商禮者商人教之以敬於接神宜也

小斂大斂祭服不倒皆左衽結絞不紐

左衽衽鄉左反生時也○紐女九反舊而慎反鄉許亮反

【疏】小斂至不紐○正義曰此一節明斂衣之法○小斂大斂祭服不倒者大斂亦不倒前已言小斂不倒此又言小斂者爲下諸事出

也○皆左衽者大斂小斂同然故云皆也衽衣襟也生鄉右
左手解抽帶便也死則襟鄉左示不復解也○結絞不紐者
生時帶並爲屈紐使易抽解若死則
無復解義故絞束畢結之不爲紐也斂者既斂必哭士
與其執事則斂斂焉則爲之壹不食凡斂者
六人斂者必使所與執事者不欲妄人褻之執或爲𦨶○與音預注同𦨶音執本亦作執〔疏〕斂者至六
人○正義曰斂者即謂大祝衆祝之屬也既斂是斂竟也斂竟
必皆哭也所以然者以其與亡者或臣舊或有恩今手爲執
事專心則增感故哭也○士與其執事則斂者釋前士是斂
義也與執事謂平生曾與亡者共執事今與喪所則助斂也
所以須生經共執事死乃爲斂也若不經共執事則褻惡之
故不使斂也○斂焉則爲之壹不食者生經有恩今又爲之
斂爲之廢壹食也○凡斂者六人者凡
者貴賤同也兩邊各三人故用六人君錦冒黼殺綴
旁七大夫玄冒黼殺綴旁五士緇冒赬殺綴
旁三凡冒質長與手齊殺三尺自小斂以往

用夷衾夷衾質殺之裁猶冒也冒者既襲所以韜尸重形也殺冒之下帬韜是上行者也小斂又覆以夷衾裁猶制也字或爲材○冒與報反下及注同黼音甫殺色戒反徐所例反下及注同裁才再反注同韜本又作弢吐刀反下同

【疏】君錦至冒也○正義曰此一經明尊卑冒制○君錦冒黼殺者冒謂襲後小斂前所用以韜尸也冒有質殺者作兩囊每輒横縫合一頭又縫連一邊餘一邊不縫兩囊皆然也上者曰質下者曰殺君質用錦殺用黼故云錦冒黼殺也故鄭注士喪禮云冒韜尸者制如直囊上曰質下曰殺質正也其用之先以殺韜足而上後以質韜首而下綴旁七者不縫之邊上下安七帶綴以結之故云綴旁七也○大夫土冒黼殺綴旁五士緇冒赬殺綴旁三者尊卑之差也○鄭注士喪禮云上玄下纁象天地也以此推之士赬殺則君大夫畫殺爲斧文也又鄭云象天地則大夫以上無疑有象也○凡冒質長與手齊者凡謂貴賤冒通名也言冒之質從頭韜來至下長短與手相齊也○殺三尺者殺從足韜上長三尺○自小斂以往用夷衾者往猶後也○小斂前有冒故不用夷衾自小斂後衣多不可用冒故用夷衾覆之也士喪禮云無用夷衾覆尸柩之衾也○夷衾質殺之裁猶冒也者裁猶制也言夷衾所

用上齊於手下三尺所用繒色及長短制度如冒之質殺也但不復爲囊及旁綴也熊氏分質字屬。下爲句其義非也然始死幠用斂衾是大斂之衾自小斂以前覆尸至小斂時君錦衾大夫縞衾士緇衾用之小斂斂訖則制夷衾以覆之其小斂以前所用大斂之衾者小斂以後停而不用至將大斂及陳衣又更制一衾主用大斂也所謂大斂二衾者其夷衾至大斂時所用無文當應揔入大斂衣内併斂之也

君將大斂子弁絰即位于序端卿大夫即位于堂廉楹西北面東上父兄堂下北面夫人命婦尸西東面外宗房中南面小臣鋪席商祝鋪絞紟衾衣士盥于盤上士舉遷尸于斂上卒斂宰告子馮之踊夫人東面亦如之

子弁絰者未成服弁如爵弁而素大夫之喪子亦弁絰○鋪普吳反又音敷下皆同

【疏】君將至如之○正義曰此一經明君大斂時節也了弁絰即位于序端者序謂東序端謂序之

南頭也鄉大夫即位于堂廉楹西者鄉大夫謂羣臣也堂廉謂堂基南畔廉陵之上楹謂南近堂廉者子位猶在東序端故羣臣列於基上東楹之西也案隱義云堂廉即堂上近南霤爲廉也○北面東上者在基上俱北面東頭爲上也子在東尸在阼階故在基者以東爲上也○父兄堂下北面者謂諸父諸兄不仕者以其賤故在堂下而向北以東爲上也若士則亦在堂下○外宗房中南面者外宗君之姑姊妹之女及姨舅之女也輕故在房中而鄉南也皇氏云當在西房以東爲上也今謂尸在阼夫人命婦在尸西北外宗等當在東房○小臣鋪席者謂下莞上簟敷於阼階上供大斂也士喪禮云布席如初注云亦下莞上簟也鋪於阼階上於堂南北爲少南○商祝鋪絞給衾衣者商祝亦是周禮喪祝也其鋪絞給衾衣等致于小臣所鋪席上以待尸○士盥于盤上者士亦喪祝之屬也周禮喪祝上士二人中士四人下士八人是將應舉尸故先盥手於盤上也雜記云士盥于盤北是也○士舉遷尸于斂上者斂上即斂處也○卒斂者大斂衣裝畢也宰告者宰大宰也斂畢大宰告孝子道斂畢也子馮之踊者孝子待得告乃馮尸而起踊○夫人東面亦如之者亦馮尸而踊嚮者夫人命婦俱東鄉於尸西今獨云夫人馮者命婦賤不得馮也馮竟乃斂於棺○注子弁至弁絰○正義

曰成服則著喪冠此云弁絰是未成服此雖以大斂爲文其小斂時子亦弁絰君大夫士之子皆然故雜記云小斂環絰公大夫士一也云弁絰爵弁而素者已具於下檀弓疏云大夫之喪子亦弁絰者案雜記云大夫與殯亦弁絰與他殯事尚弁絰明自爲父母弁絰可知其士則素冠故武叔小斂投冠是諸侯大夫與天子士同

大夫之喪將大斂既鋪絞紟衾衣君至主人迎先入門。右巫止于門外君釋菜祝先入升堂君即位于序端卿大夫即位于堂廉楹西北面東上主人房外南面主婦尸西東面遷尸卒斂宰告主人降北面于堂下君撫之主人拜稽顙君降升主人馮之命主婦馮之

先入右者入門而右也巫止者君行必與巫巫主辟凶邪也釋菜禮門神也必禮門神者禮君非問疾弔喪不入諸臣之家也主人房外南面大夫之子尊得

升視斂也○巫止本或作巫止門外門外衍字耳辟必亦反邪似嗟反〔疏〕大夫至焉之○正義曰此一經明大夫大斂節也○主人迎者主人適子也聞君至而出門迎君也○先入門右者右門內東邊也適子出門迎君望見馬首不哭不拜而先還入門右北面以待君至也士喪禮云見馬首不哭還入門右北面注云不哭厭於君不敢伸其私恩也

巫止于門外者君臨臣喪巫祝桃茢以辟邪氣今至主人門恐主人惡之故止巫于門外也○士喪禮云巫止於廟門外祝代之巫止祝代具在檀弓疏也○君釋菜者鄭云釋菜禮門神也禮君非問疾弔喪不入諸臣之家故禮門神而入也○祝先入升堂者巫止而祝代入故先於君而入門升自阼階也祝以其事接適鬼神者也○君即位于序端者君隨祝後而升堂即位於東序之端阼階上之東是適子臨斂處也士喪禮云君升自阼階西鄉○主人房外南面者主人鄉者在門右君升則主人亦升立君之北東房之外面鄉南俱欲視斂也遷尸者鄉鋪絞紟衾衣而君至今列位畢故舉尸于鋪衣上也○宰告者亦告主人道斂畢也○主人降北面于堂下者主人得告斂畢事竟故降西階堂下而鄉北立待君也○君撫之者君臣情重方為分異故斂竟而君以手撫案尸與之別也主人拜稽顙者主人在堂下鄉北見君撫尸故拜

稽顙以禮君之恩○君降者君撫尸畢而下堂也○升主人馮之者君馮之已畢降堂而主人升還馮尸也升主人者君命升之也主人升降皆西階也士喪禮云主人中庭君坐撫當心主人拜稽顙君降西鄉命主人馮尸主人升自西階由足西面馮尸不當君所○命主婦馮之者君亦又命主婦馮尸也○注巫止至斂也○正義曰所以巫止者禮敬主人故不用將巫入對尸柩云君非問疾弔喪不入諸臣之家者禮運文也云大夫之子尊得升視斂也者以士喪禮其子不得升今大夫之子將斂之時在房外南面故云大夫之子尊得升視斂也

士之喪將大斂君不在其餘禮猶大夫也其餘謂卿大夫及主婦之位

疏士之至夫也○正義曰此一節明士斂之節士喪畢無恩君不視斂故云君不在也○其餘禮猶大夫也者謂鋪衣列位男女之儀事悉如大夫也若有大夫來而君在位則卿大夫位亦在堂廉近西也士喪禮云君升主人主人西楹東北面升公卿大夫繼主人東上案彼意則在主人西也

鋪絞紟踊鋪衾踊鋪衣踊遷尸踊斂衣踊斂衾踊斂絞紟踊自孝子踊節

疏鋪絞至紟踊○

正義曰此一經明孝子貴賤踊節也君撫大夫撫內命婦大夫撫室老撫姪娣撫以手按之也內命婦君之世婦○姪大結反娣大計反君大夫馮父母妻長子不馮庶子士馮父母妻長子庶子庶子有子則父母不馮其尸凡馮尸者父母先妻子後目於其親所馮也馮謂扶持服膺○長丁丈反下同膺於陵反君於臣撫之父母於子執之子於父母馮之婦於舅姑奉之舅姑於婦撫之妻於夫拘之夫於妻於昆弟執之此恩之深淺尊卑之儀也馮之類必當心○奉芳勇反拘音俱一音古侯反馮尸不當君所不敢與尊者所馮同處○處昌慮反凡馮尸興必踊悲哀悲○哀之至○馮尸必坐〔疏〕君撫至必踊○正義曰此一節明撫尸及馮尸之節○君撫大夫者大夫貴故自撫之撫

內命婦者命婦君之世婦撫內命婦則不撫賤者可知也○
大夫撫室老撫姪娣者大夫以室老爲貴臣以姪娣爲貴妾
死則爲之服故並撫之也既撫姪娣則賤妾不撫也○君大
夫馮父母妻長子者君及大夫雖尊而自主此四人喪故同
馮之馮父母撫妻子而并云馮通言耳不馮庶子者賤故不
得也○士馮父母妻長子庶子皆士賤故所馮及庶子也○
庶子有子則父母不馮其尸者庶子若有子則父母亦不馮
前所馮之庶子是無子者也然君大夫之庶子雖無子並不
得馮也○凡馮尸者父母先妻子後者凡主人也父母妻子
謂尸之父母妻子也父母尊故馮尸在先妻子卑故馮尸在
後○君於臣撫之者此以下目恩深淺尊卑馮撫之異也君
尊但以手撫案尸心身不服膺也盧云賤者畧也父母於于
執之者盧云執當心上衣也○子於父母馮之者謂服膺心
上也○婦於舅姑捧之者盧云尊故捧當心上衣也○舅姑
於婦撫之者亦手案尸心與君爲臣同也○妻於夫拘之者
盧云拘輕於馮重於執也庾云拘者微引心上衣也賀云拘
其衣衾領之交也○夫於妻於昆弟執之者爲妻及自爲兄
弟但執之盧無別釋而賀云夫於妻執其心上衣也於兄弟
亦執心上衣○馮尸不當君所者所猶處也假令君已馮心
則餘人馮者不敢當君所馮之處則宜少避之○凡馮尸興

必踊者凡者貴賤同然也馮尸竟則起俱馮必哀殯故起必踊泄之也○注目於其親所馮也○正義曰目於其親謂死者之親馮尸也父母先謂死者父母妻子後是死者之妻子故云目於其親所馮謂題目所馮之人○注此恩至當心○正義曰馮者爲重奉次之拘次之執次之尊者則馮奉卑者則撫執執雖輕於撫而恩深故君於臣撫父母於子執是兼有尊卑深淺云馮之類必當心者士喪禮君坐撫當心此下云馮尸不敢當君所明君不撫得當君所也

父母之喪居倚廬不塗寢苫枕凷非喪事不言君爲廬宮之大夫士禮之宮謂圍障之也禮袒也謂不障○倚於綺反苫始占反枕之鴆反凷苦內反禮章善反注同露也障音章下同【疏】父母至禮之○正義曰自此以下至兄不次於弟明君大夫士遭喪斬衰齊衰大功等居廬及堊室至祥禫以來降殺之節各依文解之○此一經論初遭喪君大夫士居廬之禮○居倚廬者謂於中門之外東牆下倚木爲廬故云居倚廬○不塗者但以草夾障不以泥塗之也○寢苫枕凷者謂孝子居於廬中寢臥於苫頭枕於凷○非喪事不言者志在悲哀若非喪事口不言說君爲廬宮之者謂廬次以帷障之如

宮牆大夫士襢之者襢袒也其廬袒露不帷障也案既夕禮注云倚木爲廬在中門外東方北戶定本無枕凷字唯有寢苫二字。既葬柱楣塗廬不於顯者君大夫士皆宮之不於顯者不塗見面。柱張主反楣音眉見賢遍反疏既葬至宮之。正義曰既葬柱楣者既葬謂在墓柱楣稍舉以納日光又以泥塗辟風寒。不於顯者言塗廬不塗廬外顯處。君大夫士皆宮之者以大夫士既葬故得皆宮之凡非適子者自未葬以於隱者爲廬不欲人屬目故廬於東南角既葬猶然。適丁厤反屬音燭疏凡非至爲廬。正義曰凡非適子謂庶子也。自未葬以於隱者爲廬者既非喪主不欲人所屬目故於東南角隱映處爲廬經雖云未葬其實葬竟亦然也既葬與人立君言王事不言國事大夫士言公事不言家事此常禮也疏既葬至家事。正義曰此一經明居喪常禮。既葬與人立者未葬不與人並立既葬後可與人並立也猶不羣耳。君言王事不言國事者君諸侯。王天子也既可並立則諸侯可得言於天子之事而猶不自私言己國事也○大夫士言公事不言家事者尊君也大夫士葬後亦得言君事而未可言私事也○注此常禮也○正義曰庾氏云案曾子問三年之喪練不羣立不旅行此言既葬而與人立得爲常禮者鄭以下經君既葬王政入於國既卒哭而服王事是權禮故以此經不言國事及不言家事大判爲常禮也且曾子問據無事之時故不羣立不旅行此有事須言故與人立也

君既葬王政入於國既卒哭而服王事大夫士既葬公政入於家既卒哭弁絰帶金革之事無辟也此權禮也弁絰帶者變喪服而弔服輕可以即事也○辟音避下注猶辟同

【疏】君既至辟也○正義曰此一經是權禮也若值國家有事孝子不得遵恒禮故從權事此云既葬謂葬竟未卒哭也○王政入於國者謂王政令之事入於已國也○既卒哭而服王事者謂身出爲王服金革之事也庾云謂此言君既葬王政便入國候卒哭乃身服王事前云君言王事謂言荅所訪逮而已王政未入於國也○大夫士既葬公政入於家者亦權事也謂國之政令入大夫家也○既卒哭弁絰帶金革之事無辟也者此謂服國事也弁絰帶

者弔服也言卒哭則有弔服今有事不得服已變服而服弔服以從金革之事無所辟也變服重弔服輕故從戎便也此與君互也此言服弁經則國君亦弁經國君言服王事則此亦服國事也但君尊不言奪服耳然此言弁經帶弁經謂弔服帶謂喪服要經明雖弔服而有要經異凡弔也○注此權禮也○正義曰案曾子問云金革之事無辟也者魯公伯禽有爲爲之是權禮也

既練居堊室不與人居君謀國政大夫士謀家事既祥黝堊祥而外無哭者禫而內無哭者樂作矣故也

黝堊堊室之節也地謂之黝牆謂之堊外無哭者於門外不哭也內無哭者入門不哭也禫踰月而可作樂作無哭者黝堊或爲要期禫或皆作道○黝於糾反堊烏路反又烏各反注同禫大感反道音導

〔疏〕既練至故也○正義曰此一經論練及祥禫之節○不與人居者謂在堊室之中猶不與人居也○君謀國政大夫士謀家事者此常禮也練後漸輕故得自謀己國家事也○既祥黝堊者祥大祥也黝黑也平治其地令黑也堊白也新塗堊於牆壁令白稍飾故也○祥而外無哭者祥亦大祥也外中門外即堊室中也祥之

日鼓素琴故中門外不哭也○禫而内無哭者内中門内也禫已縣八音於庭故門内不復哭也○案作矣故也者二處兩時不哭是並有樂作故也隱義云練後三日一哭於次次在中門外謂堊室也至大祥則不復於外若有弔者則入即位哭是外無哭者○注黝堊至哭者○正義曰黝謂治堊室之地堊謂塗堊室之牆云地謂之黝牆謂之堊者釋宫文云禫踰月而可作樂者檀弓云魯人有朝祥而暮歌者孔子曰踰月則其善也是祥踰月而可作樂也云樂作無哭者以其樂作故無哭如鄭此注之意以祥踰月作樂故禫時無哭矣則經云樂作之文但釋禫時無哭之意不釋祥之無哭皇氏以爲祥之日鼓素琴樂作之文釋二處兩時無哭與鄭注違皇説非也定本禫踰月作樂祥字作禫字禫之踰月自然從吉樂作可知恐禫字非也

禫而從御吉祭而復寢從御御婦人也復寢不復宿殯宫也○不復扶又反

期居廬終喪不御於内者父在爲母爲妻齊衰期者大功布衰九月者皆三月不御於内婦人不居廬不寢苫喪父母既練而

歸期九月者既葬而歸歸謂歸夫家也○期音基下同為母為妻並于偽反下為之賜注為之則為並同〔疏〕禫而至而歸○正義曰此一經明釋禫節言禫時從御婦人於內也吉祭而復寢者謂禫祭之後同月之內值吉祭之節吉祭訖而後復寢若不當四時吉祭則踰月吉祭乃復寢故士虞記云中月禫是月也吉祭猶未配注云是月是禫月也當四時之祭月則祭也亦不待踰月故熊氏云不當四時祭月則待踰月也案間傳既祥復寢與此吉祭復寢不同者彼謂不復宿中門外復於殯宮之寢此吉祭後不復宿殯宮復於平常之寢文雖同義別故此注不復宿殯宮也明大祥後宿殯宮也杜預以為禫而從御謂從政御職事鄭以為御婦人者下文云期居廬終喪不御於內既言不御於內故知此御是御婦人也喪父母既練而歸期九月者既葬而歸○注云歸謂歸夫家也○正義曰女子出嫁為祖父母及兄弟為父後者皆期九月謂本是期而降在大功者案喪服女子子為父母卒哭折笄首玄謂卒哭喪之大事畢可以歸於夫家此是既練歸不同者熊氏云喪服注云卒哭可以歸是可以歸之節其實歸不時在練後也

公之喪大夫俟練士卒哭而歸此公公士大夫有地者也其大

夫士歸者謂素在君所食都邑之臣〔疏〕公之至而歸○正義曰此一經明公士大夫有地之君喪其臣歸之節○大夫俟練者此君下呼此有地大夫之君爲公故云公之喪○大夫俟練者此君下之臣大夫待練而歸○注此公至之臣○正義曰知此公是公士大夫有地者以其臣大夫待練士待卒哭故知非正君若正君案雜記大夫次於公館以終喪士練而歸彼謂正君與此殊故知此非正君云其大夫士歸者謂素在君所食都邑之臣者皇氏云素先也君所食都邑謂公士大夫之君采地言公士大夫在朝廷而死此臣先在其君所食之采邑故云素在君所食都邑之臣君喪而來服至小祥而各反故云歸也皇氏所解於文爲便然唯據國中而死若在采邑理則不包也熊氏云素在君之所謂此家臣爲大夫者素先在君所食都邑之臣謂家臣不在君所出外食都邑者今君喪皆在若大夫士練及卒哭後素在君所者歸於家素食都邑者歸於都邑若如熊氏解鄭當云素在君所及食都邑之臣今不云及其義疑也

大夫士父母之喪既練而歸朔月忌日則歸哭于宗室諸父兄弟之喪既卒哭而歸歸謂歸其宫也忌日死日也宗室宗

子之家謂殯宫也禮命士以上父子異宫○上時掌反（疏）大夫至而歸○正義曰此一經明庶子遭喪歸家之節大夫大夫士謂庶子爲大夫大夫士也禮命士以上父子異宫故大夫士有父母之喪至小祥各歸其宫也隱義曰大夫士父母之喪既小祥而歸庶子爲大夫士者也適子終喪在殯宫也朔月忌日則歸哭于宗室者朔月朔望也○忌日死日也宗室適子家殯宫也雖練各歸至忌日及朔望而歸殯宫也○諸父兄弟之喪既卒哭而歸者諸父諸兄弟並期爲輕故至卒哭而各歸賀氏云此弟謂適弟則庶兄爲之次云至卒哭乃歸也下云兄不次於弟謂庶弟也

父不次於子兄不次於弟謂不就其殯宫爲次而居（疏）父不至於弟○正義曰喪既畢故尊者不居其殯宫次也

君於大夫世婦大斂焉爲之賜則小斂焉爲之賜謂有恩惠也（疏）君於至斂焉○正義曰此經以下至君退必奠明君於大夫及士并夫人於大夫士恩賜弔臨主人迎送之節各隨文解之○此一經論君於大夫世婦之禮此世婦謂內命婦大斂爲常爲之恩賜則小斂而往然則君於大夫大斂是常小斂是恩賜案隱元年公子益師卒公不與小斂故不書日者熊氏云彼

謂卿也卿則小斂焉爲之賜則未襲而往故昭十五年有事于武宮籥入叔弓卒去樂卒事公羊云君聞大夫之喪去樂卒事而往可也故鄭云去樂卒事而往未襲也是卿未襲而往案柳莊非卿衛君即弔急弔賢也於外命婦既加蓋而君至於臣之妻畧也【疏】於外至君至○正義曰外命婦恩輕故既大斂入棺加蓋之後而君至也則知大夫及世婦未加蓋以前君至也於士既殯而往爲之賜大斂焉夫人於世婦大斂焉爲之賜小斂焉於諸妻爲之賜大斂焉於大夫外命婦既殯而往大夫士既殯而君往焉使人戒之主人具殷奠之禮俟于門外見馬首先入門右巫止于門外祝代之先君釋菜于門內祝先升自阼階負墉南面君即位于阼小臣二

人執戈立于前二人立于後殷猶大也朝夕小奠至月朔則大奠君將來則具大奠之禮以待之榮君之來也祝負墉南面直君北房戶東也小臣執戈先後君君升而夾階立大夫殯即成服成服則君亦成服錫衰而往弔之○直如字又音值當也先後悉見反下胡豆反一音並如字夾古洽反擯者進當贊主人也始立門東北面主人拜稽顙君稱言視祝而踊主人踊稱言舉所以來之辭也視祝而踊祝相君之禮當節之也○相息亮反下相君並同

疏於上至人踊○正義曰此一經明君賜及夫人於大夫士及妻妾恩賜之差又明君弔士大夫之禮○於諸妻為之賜大斂焉諸妻姪娣及同姓女也同士禮故為之賜之大斂焉若夫人姪娣尊同世婦當大斂焉為之賜小斂焉○於大夫外命婦既殯而往者謂夫人於大夫及外命婦既殯而往但有一禮無恩賜差降之事○大夫士既殯而君往焉者君於大夫雖視大斂或有既殯之後而始往與士同也○使人戒之者謂君將往使人豫戒告主人使知之○主人具殷奠之禮者殷大也主人得君之戒告先備具月朔大奠之禮重君之來故也○俟于門外者君來之時主人待於門外○見馬首先入門右

者謂見君馬首先君而入門右謂門東北面○祝先升自阼階者君應升自阼階故祝先道君升阼階負墉南面者墉壁也祝先升阼階在君之北立於房戶之東背負辟而鄉南也君即位于阼者主人不敢有其室故君位于阼而西鄉也○小臣二人執戈立于前二人立于後者前後小臣各二人執戈辟邪氣也君升而小臣夾階北面俟君也盧云上言即位于序端謂君臨大夫將大斂時禮未成辟執事故即位于序端此是大夫士既殯而君往禮已成故即位于阼階也○注祝負至弔之○正義曰直君北者直當也君既在阼階祝立當君北在房戶東而南鄉也云小臣執戈先後君君升而夾階立者顧命云夾階上刃是夾階立也云大夫殯即成服者大夫除死日三日殯與成服同日主人既成服故君錫衰而往弔擯者進擯謂贊於主人禮者擯者始在門東北面今君既升阼則此擯者進於孝子前告孝子使行禮也然喪贊曰相而此云擯者以君之弔禮無嫌擯道之義故得以擯言之也○主人拜稽顙者以君臨視故主人于庭中北面拜而稽顙○君稱言者稱舉也君舉其所來之言謂弔辭也舉言既畢當哭踊祝以相君祝先踊君乃視祝而踊君踊畢主人乃踊

大夫則奠可也士則出俟于門外命之反

奠乃反奠卒奠主人先俟于門外君退主人送于門外拜稽顙迎不拜拜送者拜迎則爲君之荅已君於大夫疾三問之在殯三往焉士疾壹問之在殯壹往焉所以致殷勤也〔疏〕大夫至往焉○正義曰此一節明君來弔士與大夫其禮不同○大夫則奠可也者君既在阼主人在庭踊畢則釋此殷奠于殯可也言對人君可爲此奠○士則出俟于門外者士卑不敢留君待奠故先出俟君於門外謂君將去也○命之反奠乃反奠者君使人命反設奠士乃反入設奠也○卒奠者設奠畢也○主人先俟于門外者奠畢主人又先出門待君大夫士同然○君退主人送于門外拜稽顙者出去也主人於門外送之而拜也○注迎不至荅已○正義曰案曲禮凡非弔喪非見國君無不荅拜然則喪法孝子拜賓無荅拜之理今者君出孝子雖拜君無荅理而云拜迎則爲君之荅已者以尋常禮敵孝子雖拜賓無荅理今君來臨臣臣既拜迎尊卑禮隔意恐君之荅已故不敢拜迎案僖三十四年有傳宋先代之後於周爲客有喪拜焉者謂其餘諸侯來弔國喪以其卑王不拜

之若朱來弔王用敵禮拜謝之亦是主人拜賓之義也君弔則復殯服復反也反其未殯未成服之服新君事也謂臣喪既殯後君乃始來弔也復或爲服

疏君弔至殯服○正義曰謂臣喪大斂與殯之時君有故不得來至殯後主人已成服而君始來弔主人則復殯服者復反也殯服謂殯時未成服之服主人于時反服此服新君之事其服則首絰免布深衣也不散帶故小記云君弔雖不當免時也主人必免不散麻注云爲人君變貶於大斂之前既啓之後也

夫人弔於大夫士主人出迎于門外見馬首先入門右夫人入升堂即位主婦降自西階拜稽顙于下夫人視世子而踊奠如君至之禮夫人退主婦送于門内拜稽顙主人送于大門之外不拜視世子而踊世子從夫人夫人以爲節也世子之從夫人位如視從君也

疏夫人至不拜○正義曰此一經明夫人弔臣禮○先入門右者門亦大門也謂孝子迎君之妻

禮亦如迎君禮也○夫人入升堂即位者亦升阼階西鄉如君也○主婦降自西階拜稽顙于下者主婦臣妻也旣夫人來弔故婦人爲主人當夫人升堂即位時而主婦從西階而下拜稽顙於堂下如男主也○夫人視世子而主婦踊者世子夫人之世子隨夫人來也夫人來弔則世子在前道引其禮如祝道君也○奠如君至之禮者亦先戒乃具殷奠夫人即位哭後主婦拜竟而設奠事如君弔禮者君士則亦主人先出而聽命反奠也○夫人退主婦送于門內拜稽顙者門寢門也婦人迎送不出門故夫人去於路寢門內而拜送之而不拜迎而拜送之義與君同也○主人送于大門之外不拜者亦如送君也而不拜者喪無二主主婦已拜故主人不拜

大夫君不迎于門外入即位于堂下主人北面衆主人南面婦人即位于房中若有君命命夫命婦之命四鄰賓客其君後主人而拜

入即位于下下不升堂而立○阼階之下西面下正君也衆主人南面於其北婦人即位於房中君雖不升堂猶辟之也後主人而拜者將拜賓使主人陪其後而君前拜不俱拜者主人無

二也○下正戶嫁反【疏】大夫至而拜○正義曰此一節明大夫君之禮不迎于門外者娶於正君謂大夫下臣稱大夫爲君故曰大夫君也入即位于堂下者阼階下也大夫君入寢門不得升堂乃即阼階下位而西鄉也○主人北面者主人適子也○其君既即阼階下位故適子辟之位所以在君之南北面也○衆主人南面婦人即位于房中之者婦人之位在堂其君既來故婦人亦爲位于東房中也然此言婦人即位房中非止大夫之君亦揔正君來禮如此也又不言大夫之君妻來者當同夫人禮也又前君臨大斂云主婦尸西不言辟君者大斂哀深故不辟君也今既殯後哀殺故辟也亦與前互也○若有君命命夫命婦之命四鄰賓客其君後主人而拜者君當此大夫君來弔時或有其本國之君命或有國中大夫命婦之命或有昔經使四鄰之國卿大夫君遣使來弔若或有此諸賓在庭則此大夫之君代主人拜命及拜諸賓也所以爾者喪用尊者拜賓故君雖代爲主拜賓而猶不賓敢同於國君專代爲主故以主人倍置君之後也主人在君後而拜謂君先拜主人後拜也○注婦人至二也○正義曰婦人即位于房中者東房中也君雖不升堂猶辟之也者以婦人合在戶西東面君來升堂婦人辟之在房中今大夫君來雖不升堂婦人猶辟之於房中也然案未大斂之前君雖

來主婦猶在尸西其既殯已後君來雖不顯婦人之位今此大夫君云婦人即位房中明正君既殯而來婦人亦即位房中也故云猶辟之云而君前拜不俱拜者主人無二也者以經云其君後主人而拜是君在前主人在後又君拜在前主人拜在後是主人立與拜皆在君後不與君同時拜君既爲主當推君在前故云主人無二也**君弔見尸柩而后踊**塗之後雖往不踊也踊或爲哭或爲浴〔疏〕君弔至后踊。正義曰君弔臣唯見尸柩乃踊者若不見尸柩則不踊案前文既殯君往視而踊殯後有踊者皇氏云雖殯未塗則得踊故鄭此注云塗之後雖往不踊也是既殯未塗得有踊也**大夫士若君不戒而往不具殷奠君退必奠**榮君之來〔疏〕大夫至必奠。正義曰君不先戒故臣不得具殷奠○君退必奠者君來不先戒當時雖不得殷奠而君去後必設奠告殯以榮君來故也**君大棺八寸屬六寸椑四寸上大夫大棺八寸屬六寸下大夫大棺六寸屬四寸士棺六寸**大棺棺之在表

者也檀弓曰天子之棺四重水兕革棺被之其厚三寸杝棺
一梓棺二四者皆周此以内說而出也然則大棺及屬用梓
椑用杝以是差之上公革棺不被三重也諸○無革棺再重也
大夫無椑一重也士無屬不重也庶人之棺四寸上大夫謂
列國之卿也趙簡子云不設屬椑時僭也○屬音燭後皆同
椑步麻反重直龍反下同兕詞履反被皮義反下同厚户豆反杝
以支反差初佳反徐
初宜反僭子念反 疏 君大至六寸○正義曰此一節以
下至篇末揔論君大夫士等棺椁
及飾棺之異并碑繂之殊各依文解之○此一經論君大夫
士等棺椁厚薄之制禮天子之棺四重故檀弓云水兕革棺
被之其厚三寸杝棺一注云所謂椑棺○梓棺二注云所謂屬
與大棺然則天子四重之棺都合厚二尺四寸也若上公棺
則去水皮所餘三重合厚二尺一寸也若侯伯子男則又去
兕皮但餘三棺爲二重合厚一尺八寸也若上大夫則又去
椑所餘屬六寸及大棺八寸爲一重合厚一尺四寸若下大
夫亦有屬四寸及大棺六寸但寸數減耳大棺六寸屬四寸
合厚一尺也若士則不重唯大棺六寸也○君大棺八寸屬
六寸椑四寸者屬六寸椑四寸二者合一尺就大棺八寸爲
一尺八寸○上大夫大棺八寸屬六寸去椑四寸所餘二種
合爲一尺四寸○下大夫大棺六寸屬四寸者各減二寸合

餘一尺也○士棺六寸者無屬唯大棺六寸也○注大棺至僭也○正義曰以名大棺故知在表云四者皆周者謂水兕革棺杝棺梓棺等皆周於尸惟椁不周此以內說而出也者謂檀弓此文從內而說以次出外而謂近尸有水革次外有兕革次外有椑次外有屬次外有大棺云然則大棺及屬用梓椑用杝者以檀弓云杝棺一梓棺二從內出外而言此先云大棺及屬乃始云椑是從外鄉內而說故知大棺及屬當梓棺也椑當杝棺也云上公革棺不被三重也者以天子四上公三去其一重故知革棺不被但有兕也云諸侯無革棺再重也者以此經但云君大棺屬椑不云革故知無革棺也此君謂侯伯子男也此經上下大夫但云大棺與屬無杝椑是大夫無椑一重也經唯云士棺六寸是士無屬不重也案檀弓孔子爲中都宰制四寸之棺五寸之椁是庶人之棺四寸云趙簡子云不設屬椑時僭也者案哀公二年趙簡子與鄭師戰于鐵簡子自誓云桐棺三寸不設屬辟下卿之罰也案此大夫依禮無椑趙簡子所云罰始無椑故知當時大夫常禮用椑是時僭也

君裏棺用朱綠用雜金鐕大夫裏棺用玄綠用牛骨鐕士不綠 鐕所以琢著裏○鐕子南反釘也椓陟角反本

又作琢著直畧反〔疏〕君裏至不綠○正義曰此一經明裏棺之制裏棺謂以繒貼棺裏也朱繒貼四方以綠繒貼四角定本經中綠字皆作琢琢謂鐕琢朱繒貼著於棺也○用雜金鐕者鐕釘也舊說云用金釘又用象牙釘雜之以琢朱綠着棺也釋義云朱綠皆繒也雜金鐕尚書曰貢金三品黃白青色○大夫裏棺用玄綠者四面玄四角綠○用牛骨鐕者不用牙金也○士不綠者悉用玄也亦同大夫用牛骨鐕不言從可知也

君蓋用漆三衽三束大夫蓋用漆二衽二束士蓋不用漆二衽二束用漆者塗合牝牡之中也衽小要也○要一遥反下同〔疏〕君蓋至二束○正義曰此一經明衽束之數○君蓋用漆者蓋棺上蓋用漆謂漆其衽合縫處也○三衽三束者衽謂燕尾合棺縫際也束謂以皮束棺也棺兩邊各三衽每當衽上輒以牛皮束之故云三衽三束也○大夫蓋用漆二衽二束者亦漆衽合縫處也大夫士橫衽有束每衽有束故云二衽二束也○士蓋不用漆○二衽二束者士卑故不漆也言二衽二束者與大夫同櫝弓云棺束縮二衡三者據君言也若大夫士橫唯二束此文是也故鄭注司士云結披必當棺束於束繫紐天子諸侯載柩

三束大夫士二束喪大記曰君纏披六大夫披四前纏後玄士二披用纁人君禮文欲其數多圍數兩旁言六耳其實旁三是也皇氏不見鄭之此注以爲此經大夫士二衽二束者據披從束而言其橫皆爲三束其義非也

君大夫鬊爪實于綠中士埋之綠當爲角聲之誤也角中謂棺內四隅也鬊亂髮也將實爪髮棺中必爲小囊盛之此綠或爲簍○鬊音舜爪側巧反囊乃剛反徐音託盛音成簍魯口反

疏君大至埋之○正義曰此一節明鬊爪之異○實于綠中者綠即棺角也其死者亂髮及手足之爪盛于小囊實于棺角之中士埋之者士賤亦有物盛髮爪而埋之○注綠當爲角○正義曰知綠當爲角者上文綠爲色以飾棺裏非藏物之處以綠與角聲相近經云綠中故讀綠爲角

君殯用輴欑至于上畢塗屋大夫殯以幬欑置于西序塗不暨于棺士殯見衽塗上帷之欑猶菆也屋殯上覆如屋者也幬覆也暨及也此記參差以檀弓參之天子之殯居棺以龍輴欑木題湊象槨上四注如屋以覆之盡塗之諸侯輴不畫龍欑不題湊象槨其他亦如之大夫之殯廢輴

置棺西牆下就牆櫕其三面塗之不及棺者言櫕中狹小裁取容棺然則天子諸侯差寬大矣士不櫕掘地下棺見小要耳帷之鬼神尚幽闇也士達於天子皆然幬或作錞或作焞○輴敕倫反櫕才冠反下同幬音道注同曁其器反注同見賢遍反注同菆才工反本亦作叢參初金反差初宜反題音啼湊七豆反注徐之樹反下同差寬初賁反又初佳反掘其越反又其勿反錞徒對反又徒卧反又徒偎反焞依字支允反又支悶反徐都卧反沈都雷反【疏】君殯至帷之○正義曰此一經明尊卑殯之制度○君殯用輴者君諸侯也殯時置棺於輴内○櫕至于上者以木櫕輴至於棺上畢塗屋者畢盡也此所櫕殯之木有似屋形櫕之既訖盡塗其屋也○大夫殯以幬者幬覆也謂棺衣覆之也大夫言幬覆則王侯並幬覆也謂棺衣覆之言大夫幬即加斧之類是也○櫕置于西序者屋堂西頭壁也大夫不輴又不四面櫕以一面倚西壁而三面櫕之又上不爲屋也○塗不曁于棺者曁及也王侯塗之而櫕廣去棺遠大夫亦塗而櫕狹去棺近裁使塗不及棺故云不曁棺也○士殯見衽塗上帷之者士掘肂見衽其衽之上所出之處亦以木覆上而塗之故謂塗上也士喪禮云乃塗注云以木覆棺上而塗之爲火備也帷之者帷障也貴賤悉然故朝夕哭乃徹帷也○注櫕猶至皆然

正義曰云攅猶菆也者謂菆聚其木周於外也云屋殯上覆如屋者也。解經畢塗屋屋是殯上之覆形似於屋故云如屋云此記參差者謂記此大記之文其事參差若君據天子應稱龍輴不得直云殯用輴若君據諸侯不得云攅至于上畢塗屋其文或似天子或似諸侯故云參差云以檀弓參之。檀弓云天子之殯菆塗龍輴以椁故知天子殯居棺以龍輴又云以椁故知攅木題湊象椁云上四注如屋以覆之者謂上以四注垂而鄉下如似屋簷以覆其上云盡塗之者謂四邊及上皆塗之云諸侯輴不畫龍攅不題湊象椁者以檀弓唯云天子龍輴此經直云君殯用輴不云龍是諸侯不龍也謂不畫輴轅爲龍檀弓唯云天子菆塗龍輴以椁則知諸侯不題湊象椁云其他亦如之者除此龍輴題湊象椁之外其他亦如之其他謂菆木畢塗屋亦如天子也必知天子椁四阿者成二年左傳云宋文公卒椁有四阿是僭天子禮但凡殯之禮天子先以龍輴置於客位殯處然後從阼階舉棺於輴中輴外以木菆輴之四邊木高於棺乃從上加緒幬於棺上然後以木題湊題頭也湊鄉也謂以木頭相湊鄉內也象椁上之四注。以覆之如屋形以泥塗之於屋之上又加席三重於殯上其諸侯則居棺以輴亦菆木輴外木高於棺後加布幕於棺上又菆木於塗上不題湊象椁也雖不象椁亦中央高似屋形但不爲四注故經云畢塗屋摠包君也塗上加席三重云大夫之殯廢輴者案下檀弓云三臣廢輴據殯時也是大夫之殯廢輴云欑中狹小裁取容棺者以經云塗不暨于棺明其狹小卑者既狹則知天子諸侯差寬大矣云士達於天子皆然者

謂皆帷之

熬君四種八筐大夫三種六筐士二種四筐加魚腊焉熬者煎穀也將塗設於棺旁所以惑蚍蜉使不至棺也士喪禮曰熬黍稷各二筐又曰設熬旁各一筐大夫三種加以粱君四種加以稻四筐則手足皆一其餘設於左右○熬五羔反種章勇反下及注同筐音匡腊音昔蚍音毗蜉音浮

【疏】熬君至腊焉○正義曰此一經明熬穀之異熬者謂火熬其穀使香欲使蚍蜉聞其香氣食穀不侵尸也○加魚腊焉者魚腊謂乾腊案特牲士腊用兔少牢大夫腊用麋天子諸侯無文當用六獸之屬亦爲惑蚍蜉○注士喪至左右○正義曰此云士二種四筐士喪禮熬黍稷各二筐文與此同故引之又引士喪禮云設熬旁一筐者證設熬之處云大夫三種加以粱者以曲禮云歲凶大夫不食粱明豐年常食粱故知大夫加以粱公食大夫禮黍稷稻粱云君四種加以稻四筐則手足皆一者當以士喪四筐設熬旁各一筐則兩旁有

兩筐首有一筐足有一筐也云其餘設於左右者兩旁在首足以外皆設於左右旁也

飾棺君龍帷三池振容黼荒火三列黼三列素錦褚加僞荒纁紐六齊五采五貝黼翣二黻翣二畫翣二皆戴圭魚躍拂池君纁戴六纁披六大夫畫帷二池不振容畫荒火三列黻三列素錦褚纁紐二玄紐二齊三采三貝黻翣二畫翣二皆戴綏魚躍拂池大夫戴前纁後玄披亦如之士布帷布荒一池揄絞纁紐二緇紐二齊三采一貝畫翣二皆戴綏士戴前纁後緇二披用纁 飾棺者以華道路及壙中不欲衆惡其親也荒蒙也在旁曰帷在上曰荒皆所以衣

柳也士布帷布荒者白布也君大夫加文章焉黼荒緣邊爲
黼文畫荒緣邊爲雲氣火黻爲列於其中耳僞當爲帷或作
于聲之誤也大夫以上有褚以襯覆棺乃加帷荒於其上紐
所以結連帷荒者也池以竹爲之如小車笭衣以青布柳象
宮室縣池於荒之爪端若承霤然云君大夫以銅爲魚縣於
池下揄揄翟也青質五色畫之於絞繒而垂之以爲振容象
水草之動搖行則又魚上拂池雜記曰大夫不揄絞屬於池
下是不振容也士則去魚齊象車蓋蕤縫合雜采爲之形如
瓜分然綴貝落其上乃旁戴之言值也所以連繫棺束與柳
材使相值因而結前後披也漢禮翣以木爲筐廣三尺高二
尺四寸方兩角高衣以白布畫者畫雲氣其餘各如其象柄
長五尺車行使人持之而從既窆樹於壙中檀弓曰周人牆
置翣是也綏當爲緌讀如冠蕤之蕤蓋五采羽注於翣首也○
黻音弗褚張呂反下同僞依注讀爲帷位悲反齊如字徐才細
反翣所甲反戴丁代反下及注同披彼義反徐甫髮反下同
綏依注爲緌音蕤耳隹反下同揄音遙注同紐女九反緇側
其反壙古晃反惡烏路反衣於既反下衣以皆同以上時掌
反下魚上同笭音零縣音玄下皆同搖音遙一音以照反去
起呂反車蓋蕤絕句一讀以蕤向下瓜古華反分扶問反又
皮莧反又夫云反壙古曠反高古報反又如字長直諒反又

如字後放此從才用反【疏】飾棺至用纁○正義曰此一經明葬時尊畢棺飾○君龍帷者君諸侯也帷柳車邊障也以白布爲之王侯皆畫爲龍象人君之德故云龍帷也○三池者諸侯禮也池謂織竹爲籠衣以青布挂著於柳上荒邊爪端象平生宮室有承霤也天子生有四注屋四面承霤柳亦四池象之諸侯屋亦四注而柳降一池闕於後一故三池也○振容者振動也容飾也謂以絞繒爲之長丈餘如幡畫幡上爲雉縣於池下爲容飾車行則幡動故曰振容○黼荒者荒蒙也謂柳車上覆謂鱉甲也緣荒邊爲白黑斧文故云黼荒○火三列者列行也於鱉甲黼文之上荒中央又畫爲火三行也火形如半環也○黼三列者又畫爲兩已相背爲三行也○素錦褚者素錦白錦也褚屋也於荒下又用白錦以爲屋也葬在路象宮室也故雜記云素錦以爲屋而行即褚是也○加爲荒者帷是邊牆荒是上蓋褚覆竟而加帷荒於褚外也纁紐六者上蓋與邊牆相離故又以纁爲紐連之相著旁各三凡用六紐故云纁紐也○齊五采者謂鱉甲上當中央形員如華蓋高三尺徑二尺餘五采謂人君以五采繒衣之列行相次故云五采也○五貝者又連貝爲五行交絡齊上也○黼翣二黻翣二者畫翣二者翣形似扇以木爲之在路則障車入椁則障柩也凡有六枚二畫爲黼

二畫爲黻二畫爲雲氣諸侯六天子八禮器云天子八翣諸侯六大夫四鄭注縫人云漢禮器制度飾棺天子龍火黼黻皆五列又有龍翣二其戴皆加璧也○皆戴圭者謂諸侯六翣兩角皆戴圭玉也○魚躍拂池者凡池必有魚故此車池縣絞雉又縣銅魚於池下若車行則魚跳躍上拂池也隱義曰振容在下是魚在振容間○君纁戴六者事異飾棺故更言君也纁戴謂用纁帛繫棺紐著柳骨也謂之戴者戴值也使棺堅值棺橫束有三亦每一束兩邊輒各屈處爲紐三束有六紐今穿纁戴於紐以繫柳骨故有六戴也○纁披六者纁謂亦用絳帛爲之以一頭繫所連柳纁戴之中而出一頭於帷外人牽之每戴繫之故亦有六也謂之披者若牽車登高則引前以防軒車適下則引後以防翻車欹左則引右欹右則引左使車不傾覆也大夫畫帷者不得爲龍畫爲雲氣○二池者不得三故二也庾云兩邊而已賀云前後各一不振容者謂不以揄絞屬於池下爲振容故云不振容也其池上揄絞則有也○畫荒者不爲斧而爲雲氣也○火三列黼三列素錦褚者與君同也○纁紐二玄紐二者不得六故用四以連四旁也不并一色故二爲纁二爲玄也○齊三采者絳黃黑也○三貝者又降二也○黻翣二畫翣二者降兩黼也○皆戴綏者翣角不圭但用五采羽作綏注翣兩角也○

魚躍拂池者無絞雜而有縣銅魚也○大夫戴前纁後玄者事異故更言大夫也降人君故不並用纁也其數與披同用四也○披亦如之者色及數悉與戴同也○士布帷布荒者士帷及荒者白布爲之而不畫也○一池者唯一池在前也○士揄絞者亦畫揄雉於絞在於池上而池下無振容知者大夫既不振容明士亦不振容於池下○纁紐二緇紐二者又降玄用緇也猶用四連四旁○齊三采者與大夫同也○一具者又降二行但一行絡之耳○畫翣二皆戴綏者又降二㪍也池上翣悉綴故云皆也○士戴前纁後緇者事異故直言士也戴當棺束毎束各在兩邊前頭二戴用纁後頭二戴用緇通兩邊爲四戴舉一邊則兩戴也○二披用纁纁者據一邊前後各一披故云二披用纁若通兩旁則亦四披也○注飾棺至首也○正義曰以華道路及壙中者以翣入壙中則知餘物堪入壙中者皆入云荒蒙也者以爾雅荒蒙俱訓爲奄故荒得爲蒙云皆所以衣柳也者謂木材有此帷荒在外衣覆之故云皆所以衣柳云黼荒緣邊爲黼文畫荒緣邊爲雲氣者既云黼荒畫荒又云火三列黻三列火黻既爲三列其處寬多宜在荒之中央則知黼之與畫宜在荒之外畔云爲當爲帷或作于者爲字與帷聲相近又諸本爲字作于者于帷聲又相近因聲相近而遂誤作爲字或作于字故云聲

之誤也云紐所以結連帷荒者荒在上帷在旁屬紐以結之
與束棺屬披之紐別也故鄭注司士云謂結披必當棺束於
束繫紐是披紐與此異也云池以竹爲之如小車笭衣以青
布者鄭以漢之制度而知如小車笭者以小車之箱必猶狹
長故云如小車笭云縣池於荒之爪端若承霤然云者荒之
爪謂荒之材出外若人之指爪而縣此池於荒之爪端其池
若宮室之承霤然云語辭也云以銅爲魚縣於池下者以參
漢之制度而知也云揄揄翟也青質五色者爾雅釋鳥文經
云揄絞故知畫揄於絞繒也經云振容故知垂之以爲振容
象水草之揄搖云行則又魚上拂池者以經云魚躍拂池躍
是鄉上之名非行不動故知行則魚上拂池引雜記曰大夫
不揄絞屬於池下是不振容也者此經云不振容雜記云大
夫不揄絞屬於池下若屬於池則振容不屬於池下是不振
容也云士則去魚者言士同大夫不振容更又去魚故云士
則去魚此云士揄絞明大夫亦揄絞但大夫不以揄絞屬於
池下爲振容而皇氏不解鄭之此旨謂大夫不揄絞而有銅
魚士無銅魚而有揄絞以爲魚陰而絞陽大夫偪君故奪其
陽不尋其義一何疏妄之甚云齊象車蓋蕤者此車蓋四面
有垂下蕤今此齊形象此車蓋及蕤謂上象車蓋旁象蓋蕤
云縫合雜采爲之形如爪分然者言齊形既圓上下縫合雜

采竪有限[illegible]。如瓜内之子以穰爲分限然也皇氏云如虎掌之爪皮外其色有部分若然此注唯據班瓜事恐不合耳云所以連繫棺束與柳材使報值因而結前後披者謂用此戴索連繫棺束之紐與外畔柳材使相當值謂連棺著柳將披一頭以結此戴更垂披頭鄉外使人執之備柩車傾動云以木爲筐者謂以木爲翣之筐若門戸四面筐也云廣三尺高高二尺四寸方兩角高者謂廣方正不圓曲也云綏當爲緌至翣首也者以周禮夏采掌染鳥羽爲夏翟之色故名夏采其職掌復建綏故知綏五采羽注翣。首謂翣之兩角諸侯則戴以圭

君葬用輴四綍二碑御棺用羽葆大夫葬用輴二綍二碑御棺用茅士葬用國車二綍無碑比出宮御棺用功布

大夫廢輴此言輴非也輴皆當爲載以輇車之輇聲之誤也輇字或作團是以文誤爲國輇車柩車也尊卑之差也在棺曰綍行道曰引至壙將窆又曰綍而設碑是以連言之碑桓楹也御棺居前爲節度也士言比出宮用功布則出宮而止至壙無矣綍或爲率。輴依注音輇市專反下同王勑倫反綍音弗碑彼皮反御棺一本作御柩葆音保

用國依注亦作輇市專反王如字云一國所用比必例反注同柩尹九反引音屑率音律〔疏〕君葬至功布○正義曰此一經明葬時在路尊卑載柩之車及碑繂之等君葬用輴者諸侯載柩在路而用輴當用輇車用輴非也○四繂二碑者繂有四條條有二所此諸侯也天子則六繂四碑○御棺用羽葆者雜記云諸侯用匠人執羽葆以鳥羽注於柄末如蓋而御者執之居前以指麾爲節度也○大夫葬用輴者言輴非亦當爲用輇也○二繂二碑者碑各一孔樹於壙之前後繂各穿之也○士葬用國車者國亦當爲輇也二繂無碑者手縣下之○此出宮御棺用功布者此出宮謂柩在宮牆內也功布大功布也士用大功布爲御也大夫用茅自廟至墓士卑御自廟至大門牆內而止出路便否至墓不復御也隱義云羽葆功布等其象皆如麾○注大夫至無矣○正義曰鄭引大夫廢輴此經云葬用輴與檀弓違故云此言輴非也云輴皆當爲載以輇車之輇者謂經云君葬用輴大夫葬用輴此二輴皆當爲載以輇車之輇讀從雜記之文謂君及大夫皆載以輇車明不以輴也必知非輴者以此文云士葬用國車國字與團字相似因誤耳團與輇聲相類輇則蜃車也在路載柩尊卑同用蜃車故知經云輴者非也輴國皆當爲輇云尊卑之差也在棺曰繂者皇氏云天子諸侯以下

載柩車同皆用輇也其尊卑之差異在於棺飾耳則前經棺飾是尊卑異也熊氏云尊卑之差謂此經君四綍二碑御棺用羽葆大夫二綍二碑御棺用茅士葬用二綍無碑御棺用功布失鄭注意其說非也云行道曰引至壙將窆又曰綍而設碑是以連言之者此一經所論在道之時未論窆時下棺之節既是在塗經當應云引而云綍與碑者其初時在塗後遂窆葬因在塗連言窆時故云是以連言之至窆時下棺天子則更載以龍輴故遂飾注云蜃車柩路也行至壙乃設奠復載以龍輴是天子殯用龍輴至壙去蜃車載以龍輴以此約之則諸侯殯以輴葬則用輴明矣若大君雖朝廟用輴殯則不用輴葬時亦無輴也士則殯不用輴朝廟得用輴軸若天子元士葬亦用輴軸與大夫異禮有損之而益之也云碑桓楹也者下檀弓云三家視桓楹是僭也則天子用大木爲碑謂之豐碑諸侯則樹兩大木爲碑謂之桓楹此經君稱二綍二碑故云桓楹也謂毎一碑樹兩楹云士言比出宮用功布則出宮而止至壙無矣者以士卑故出宮在路無御柩之物

凡封用綍去碑負引君封以衡大夫士以咸君命毋譁以鼓封大夫命毋哭士哭者相

止也

封周禮作窆窆下棺也此封或皆作斂檀弓曰公輸若方小斂般請以機封謂此斂也然則棺之入坎爲斂與斂尸相似記時同之耳咸讀爲緘凡柩車及壙說載除飾而屬紼於柩之緘又樹碑於壙之前後以紼繞碑間之鹿盧輓棺而下之此時棺下窆使輓者皆繫紼而繞要負引舒縱之備失脫也用紼去碑者謂縱下之時也衡平也人君之喪又以木橫貫緘耳居旁持而平之又擊鼓爲縱舍之節大夫士旁牽緘而已庶人縣窆不引紼也禮唯天子葬有隧今齊人謂棺束爲緘繩咸作爲械○封依注作窆彼驗反下及注機封同咸依注讀爲緘古緘反毌音無下同譁音華說吐活反輓音晚繞而沿反要一遙反縱子用反下凡封至同舍音捨隧音遂延道也械古咸反一本作緘

疏 止也○正義曰此一經論尊卑下棺之制○凡封用綍去碑負引者封當爲窆窆謂下棺下棺之時將綍一頭以繫棺緘又將一頭繞碑間鹿盧所引之人在碑外背碑而立負引者漸漸應鼓聲而下故云用綍去碑負引也○君封以衡者諸侯禮大物多棺重恐棺不正下棺之時別以大木爲衡貫穿棺束之緘平持而下備傾頓也○大夫士以咸者大夫士無衡使人以綍直繫棺束之緘而下於君也○君命無譁以鼓封者謂君下棺時命令衆人無得諠譁以擊鼓爲窆時縱捨之節無

一鼓漸縱綍也○大夫命毋哭者大夫卑不得擊鼓直命入
使無哭耳○士哭者相止也者士又卑不得施教令直以哭
者自相止。○注封周至緘繩○正義曰此封或皆作斂者謂
禮記餘本此經中封字皆作斂字者鄭以窆有斂義故引檀
弓之文斂般請以機窆故云謂此斂也云然則棺之入坎爲
斂以斂尸相似記時同之耳者以下棺與斂尸相似故作記
之時他本同稱斂故下棺亦以爲斂也云屬紼於柩之緘者
至壙說載除飾之後謂解此蜃車之綍繫於柩之緘束之繩
云又樹碑於壙之前後以紼繞碑間之鹿盧輴棺而下之者
諸侯四綍二碑前後二紼各繞前後二碑之鹿盧其餘兩綍
於壙之兩旁人輓之而下其天子則下檀弓注云天子六綍
四碑前後各重鹿盧如鄭此注天子紼既有六碑但有四故
以前碑後碑各鹿盧毋一碑用二綍前後用四綍其餘兩綍
繫於兩旁之碑案下檀弓注云諸侯之繂不云前後重鹿盧
則諸侯之碑前後不重鹿盧也前碑後碑各用一紼其餘二
紼在旁人持而下棺也經云綍去碑謂前後綍耳其在旁之
綍無碑也故前經士二綍無碑也是綍有人持之法不要在
碑也案檀弓注云前後重鹿盧唯據天子皇氏云諸侯亦有
前後重鹿盧四紼繫於前後二碑旁邊無紼既違鄭注下棺
又危其義恐非也云禮唯天子葬有隧者案僖二十五年左

傳云晉侯請隧王弗許曰王章也是隧爲天子典章諸侯請
故知天子有隧也杜元凱注左傳闕地通路曰隧諸侯皆縣
柩而下路則輴也故遂師注云至壙說載除飾更復載以龍
輴是載以輴入隧道皇氏云棺從而下遂以納明器其說兼
路也云今齊人謂棺束爲緘繩者
以今人之語證經緘是束棺之物

君松椁大夫柏椁

士雜木椁

椁謂周棺者也天子柏椁以端長六尺夫子
制於中都使庶人之椁五寸五寸謂端方也
此謂尊者用大材卑者用小材耳自天子諸侯卿大夫士庶
人六等其椁長自六尺而下其方自五寸而上未聞其差所
定也抗木之厚蓋與椁方齊天子五重上公四重諸侯三重
大夫再重士一重○而上時掌反抗苦浪反徐戶剛反重直
龍反
下同

疏

○君松至木椁○正義曰此一經明所用椁木不同
○君松椁者君諸侯也諸侯用松爲椁材也盧云
以松黃腸爲椁盧云黃腸松心也○大夫柏椁者以柏爲椁
不用黃腸下天子也○士雜木椁者士卑不得同君故用雜
木也○注椁謂至一重○正義曰天子柏椁以端長六尺夫
子制於中都使庶人之椁五寸五寸謂端方也者鄭以椁木
長短及厚薄無文故引柏椁以端長六尺明椁材每段長六
尺也又庶人厚五寸者欲明椁材每段厚薄廣狹五寸也故

云謂端方也端頭也謂材頭之方天子長六尺謂尊者用大材庶人方五寸而卑者用小材云六等其椁長自六尺而下其方自五寸而上未聞其差所定也者天子既六尺而下未知諸侯卿大夫士庶人節級之數庶人自五寸而上未知士及大夫卿與諸侯天子差益之數故云未聞其差所定案檀弓柏椁以端長六尺注云其方蓋一尺以此差之諸侯方九寸卿方八寸大夫七寸士六寸庶人五寸雖有此約又無正文可定云抗木之厚蓋與椁方齊者以椁繞四旁抗木在上俱在於外故疑厚薄齊等云天子五重以下者據抗木之數言之故禮器天子五重八翣是也每一重縮二在下橫三在上故既夕注云象天三合地二也○

棺椁之間君容柷大夫容壺士容甒 間可以藏物因以爲節○柷昌六反甒音武

【疏】棺椁至容甒○正義曰此一經明棺椁之間廣狹所容也○君容柷者柷如漆筩是諸侯棺椁間所容也若天子棺椁間則差寬大故司几筵云柏席用萑玄謂柏椁字磨滅之餘椁席藏中神坐之席是也諸侯棺椁間亦容席故司几筵云柏席諸侯則紛純稍狹於天子故此云容柷○大夫容壺者壺是漏水之器大夫所掌曰士容甒者甒盛酒之器士所用也

君裏椁虞筐大

夫不裏椁士不虡筐裏椁之物虡筐之文未聞也〈疏〉君裏至虡筐○正義曰盧氏雖有解釋鄭云未聞今畧盧氏不録也

附釋音禮記注疏卷第四十五

大清嘉慶二十年重栞
宋本用文選樓藏本校

江西南昌府學栞

禮記注疏卷四十五挍勘記　阮元撰盧宣旬摘錄

附釋音禮記注疏卷第四十五　惠棟挍宋本禮記正義卷第五十四

喪大記

大斂布絞節

大斂至無紞　惠棟挍宋本無此五字

至大斂又各加一衾　閩監毛本同惠棟挍宋本至上有今字

小斂之衣節

君衣尚多　惠棟挍宋本宋監本岳本同嘉靖本同衞氏集說同閩本衣字漶滅監毛本衣誤不

國君陳衣及斂　閩本同考文引宋板同監毛本及誤乃

君親屬有衣相送　閩監毛本同考文云宋板君作若衞氏集說同

袍必有表節

袍必至一稱　惠棟挍宋本無此五字

爵弁服皮弁服褖衣注衣注云　惠棟挍宋本無注衣二字衞氏集說同此本誤衍閩監毛本作褖衣純衣注云並誤

凡斂者袒節

凡斂至是斂　惠棟挍宋本無此五字

并引士喪禮商頌祝主斂　惠棟挍宋本無頌字此本誤衍閩監毛本同

君錦冒節

君錦至冒也　惠棟挍宋本無此五字

熊氏分質字屬下爲句　惠棟挍宋本作分質字屬上殺字屬下爲句續通解同此本上

殺字屬四字脫閩監毛本同

君將大斂節

君將至如之　惠棟挍宋本無此五字

故在堂下而向北　閩監毛本同惠棟挍宋本向作鄉衛氏集說同按下作鄉南此亦當作鄉北

宰告者大宰也　惠棟挍宋本同閩監毛本者下有宰字

大夫之喪節

先入門右巫止于門外　各本同石經同山井鼎云古本先入門右無門字巫止于門外無于門外三字與注合按釋文出巫止云本或作巫止門外門外外衍字耳

大夫至馮之　惠棟挍宋本無此五字

君撫大夫節

撫以手按之也 閩本同惠棟按宋本同岳本同嘉靖本同監毛本按作案衛氏集說同

凡馮尸興必踊 各本同坊本必誤於

悲哀悲哀之至 惠棟按宋本悲哀二字不重宋監本岳本嘉靖本衛氏集說同此本誤衍閩監毛本同

君撫至必踊 惠棟按宋本無此五字

既葬柱楣節

柱楣塗廬 閩本惠棟按宋本宋監本岳本嘉靖本衛氏集說同釋文出柱楣監毛本柱作拄疏放此

既葬至宮之 惠棟按宋本無此五字

既葬與人立節

既葬至家事 惠棟按宋本無此五字

君諸侯王天子也 閩監毛本同惠棟按宋本侯下有也衛氏集說同

旣練居堊室節

禫踰月而可作樂作無哭者禫字各本並同惠棟云禫當作祥段玉裁云孔作祥按正義云是祥踰月而可作樂也又云以祥踰月作樂又謂定本祥字作禫字恐禫字非也是正義本作祥之明證毛本作樂樂岳本同嘉靖本同衛氏集說同此本脫一樂字閩監本同

旣練至故也惠棟按宋本無此五字

云禫踰月而可作樂者閩監毛本同按禫亦當作祥

定本禫踰月作樂惠棟按宋本踰月下有而可二字此本誤脫閩監毛本同定本誤定不

禫而從御節

禫而至而歸惠棟按宋本無此五字

値吉祭之節祭吉祭訖而後復寢閩監毛本同惠棟按宋本祭吉祭作行吉

祭考文云宋板無後字衛氏集說亦作行吉祭訖而復
寢
○注云歸謂歸夫家也　閩監毛本同山井鼎云宋板無圈與上接續注字無所標異爲
是

大夫士父母之喪節

至忌日及朔望而歸殯宮也　閩監毛本同惠棟挍宋本而作則衛氏集說同續通
解同

於士既殯而往節

舉所以來之辭也視祝而踊　毛本作也岳本同嘉靖本同衛氏集說同考文引宋本同
此本也誤相閩監本同

於士至人踊　惠棟挍宋本無此五字

故爲之賜之大斂焉閩監毛本同惠棟挍宋本無下之字

君旣在阼階祝立當君北閩監毛本同惠棟挍宋本階作此

主人拜稽顙者閩監毛本同惠棟挍宋本上有主人至人踊五字

大夫則奠可也節

士疾壹問之各本同毛本問誤間

大夫至往焉惠棟挍宋本無此五字

大夫君不迎於門外節

人即位于下不升堂而立阼階之下西面閩監毛本同岳本于作於嘉靖本同衛氏集說同考文引宋板于作於而立作而位

大夫至而拜惠棟挍宋本無此五字

又不言大夫君之妻來者　惠棟挍宋本作君之衞氏集說同此本君之二字倒閩監毛本同

君大棺八寸節

諸無革棺再重也　補案諸下當有侯字此誤脫也

君大至六寸　惠棟挍宋本無此五字

注云所謂椑棺　閩監毛本同惠棟挍宋本下有也字

君裏棺用朱節

綠用雜金鐕　各本同石經同正義云定本經中綠字皆作琢惠棟云當依定本作琢

鐕所以琢著裏　閩監毛本同嘉靖本同衞氏集說同岳本琢作椓考文引古本同按釋文出椓云本又作琢

君裹至不綠 惠棟挍宋本無此五字

又用象牙釘雜之 閩監本同毛本雜字闕

君殯用輴節

欑置于西序 惠棟挍宋本同石經同岳本同嘉靖本同衞氏集說同閩監毛本置誤至石經考文提要云宋大字本宋本九經南宋巾箱本余仁仲本劉叔剛本並作置按士喪禮注引此文亦作置字

上四注如屋以覆之 閩監毛本同岳本同嘉靖本同釋文出四注衞氏集說注作柱考文引古本同

君殯至帷之 惠棟挍宋本無此五字

此所欑殯之大有似屋形 閩監毛本同考文引宋板大作木

云屋殯上覆如屋者也 閩監毛本同惠棟挍宋本也下有者字

云以櫝弓參之 閩監毛本同惠棟挍宋本之下有者字

是諸侯不龍也謂不畫輴轅爲龍 惠棟挍宋本如此此本不龍誤不當畫輴誤畫日閩監毛本同

象椁上之四注以覆之 閩監毛本同惠棟挍宋本注作柱衛氏集說同下但不爲四注同

塗上加席三重 閩監毛本同惠棟挍宋本三作二

熬君四種八筐節

所以感蚍蜉 閩監毛本同嘉靖本同惠棟挍宋本感作惑岳本同衛氏集說同考文引古本同按儀禮注感字當作惑此本疏中亦作惑

設熬旁各一筐 閩監毛本同岳本同嘉靖本同衛氏集說同惠棟挍宋本無各字浦鏜云各字儀禮

無按疏及續通解并周禮㢰人疏引此注皆無各字吳草廬儀禮集說據此注謂爲經文脫非也

熬君至腊焉　惠棟按宋本無此五字

亦爲惑蚍蜉　惠棟按宋本同衛氏集說同閩監毛本惑作感

飾棺飾

如小車笭　各本同釋文笭作苓○按笭正字苓假借字

車行使人持之而從既窆樹於壙中　各本同浦鏜云既窆之上周禮疏引此有引障二字壙中下有障版二字按聶崇義三禮圖考亦有此四字今脫也孫志祖云孟子疏四卷下引注使人持之而從下有以障二字壙中下有障柩也三字文義較完足

飾棺至用纁　惠棟按宋本無此五字

帷者邊牆　考文引宋板同閩監毛本者作是

故云纁紐也惠棟挍宋本紐下有六字此本脫閩監毛本同

齊三采者降黃黑也惠棟挍宋本作降此本降誤絳閩監毛本同衞氏集說同

後緇者事異閩監毛本同考文云宋板事作士

以參漢之制度而知也閩監毛本同惠棟挍宋本以作亦

竪有限𧜟惠棟挍宋本同閩監毛本𧜟作攝

故知綏五采羽注翣首惠棟挍宋本有於字此本於字脫閩監毛本同

君葬用輴飾

君葬至功布惠棟挍宋本無此五字

載柩車同皆用輇也閩本同惠棟挍宋本同監毛本同誤者

凡封用綍節

凡封至止也 惠棟挍宋本無此五字

恐棺不正 閩監毛本同惠棟挍宋本棺作柩衛氏集說同

直以哭者自相止 閩監毛本同惠棟挍宋本止下有也字衛氏集說同

故以前碑後碑各鹿盧 惠棟挍宋本各下有重字續通解同此本誤脫閩監毛本同

前碑後碑各用一紼 閩監本同毛本上碑誤後惠棟挍宋本無用字衛氏集說同

經云綍去碑 考文引宋板同衛氏集說同閩監毛本綍上有用字

君松椁節

君松至木椁 惠棟挍宋本無此五字

而卑者用小材 惠棟挍宋本而作是此本誤閩監毛本同

橫三在上 惠棟挍宋本同閩監毛本橫作衡

象天二合地二也　惠棟挍宋本二作三此本誤閩監毛本三誤一

棺椁之間節

棺椁至容鯱　惠棟挍宋本無此五字

柷如桼筩　惠棟挍宋本同閩監毛本筩作桶衞氏集說同

椁席藏中神坐之席是也　閩監毛本同惠棟挍宋本椁作槨

大夫所掌曰士容鯱者　惠棟挍宋本無曰字此本誤衍閩監毛本同

君裏節

君裏至虞筐　惠棟挍宋本無此五字

附釋音禮記注疏卷第四十五終　惠棟挍宋本禮記正義卷第五十四終記云凡三十三頁宋監本禮記卷第十三經三千三百九十一字注四千一百三十四字嘉靖本禮記卷第十三經三千三百八十一

字注四千一百二十九字

禮記注疏卷四十五挍勘記

附釋音禮記注疏卷第四十六

禮記　　鄭氏注　　孔穎達疏

祭法第二十三

○陸曰鄭云以其記有虞氏至周天子以下所制祀羣神之數也

疏 正義曰案鄭目録云名曰祭法者以其記有虞氏至周天子以下所制祀羣神之數此於别録屬祭祀

祭法有虞氏禘黃帝而郊嚳祖顓頊而宗堯夏后氏亦禘黃帝而郊鯀祖顓頊而宗禹殷人禘嚳而郊冥祖契而宗湯周人禘嚳而郊稷祖文王而宗武王禘郊祖宗謂祭祀以配食也此禘謂祭昊天於圜丘也祭上帝於南郊曰郊祭五帝五神於明堂曰祖宗祖宗通言爾下有禘郊祖宗孝經曰宗祀文王於明堂以配上帝明堂月令春曰其帝大昊其神句芒夏曰其帝炎帝其神祝融中央曰其帝黃帝其神后土秋曰其帝少昊其神蓐收冬曰其帝顓頊其

神玄冥有虞氏以上尚德禘郊祖宗配用有德者而已自夏已下稍用其姓氏○之先後之次有虞氏夏后氏宜郊顓頊殷人宜郊契郊祭一帝而明堂祭五帝小德配寡大德配衆亦禮之殺也○禘大計反嚳口毒反顓音專項許玉反鯀本反作鮌古本反篇末皆同冥莫經反契息列反下同圜音圓大昊音泰下大廟大祖大昊同昊亦作皞胡老反下放此句古侯反芒音亡夏戶嫁反後夏曰皆同少詩召反下放此辱本亦作辱以上時掌反下上去以上同殺色界反徐所例反

【疏】祭法至武王○正義曰此一經論有虞氏以下四代禘郊祖宗所配之人有虞氏禘黃帝者謂虞氏冬至祭昊天上帝於圜丘大禘之時以黃帝配祭○而郊嚳者謂夏正建寅之月祭感生之帝於南郊以嚳配也○祖顓頊而宗堯者謂祭五天帝五人帝及五人神於明堂以顓頊及堯配之故云祖顓頊而宗堯祖始也言爲道德之初始故云祖也宗尊也以有德可尊故云宗其夏后氏以下禘郊祖宗其義亦然但所配之人當代各別虞氏云有者以虞字文單故以有字配之無義例也夏云后氏者后君也受位於君故稱后殷周稱人以人所歸往故稱人此並熊氏之說也○注禘郊至殺也○正義曰此禘謂祭昊天於圜丘也者但經傳之文稱禘非一其義各殊論語云禘自既灌及春秋禘于大廟

謂宗廟之祭也喪服小記云王者禘其祖之所自出也及大傳云禮不王不禘謂祭感生之帝於南郊也以禘文旣多故云此禘謂祭昊天上帝於圜丘必知此是圜丘者以禘文在於郊祭之前郊前之祭唯圜丘耳但爾雅釋天云禘大祭以比餘處爲大祭揔得稱禘案聖證論以此禘黃帝是宗廟五年祭之名故小記云王者禘其祖之所自出以其祖配之謂虞氏之祖出自黃帝以祖顓頊配黃帝而祭故云以其祖配之依五帝本紀黃帝爲虞氏九世祖黃帝生昌意昌意生顓頊虞氏七世祖以顓頊配黃帝而祭是禘其祖之所自出以其祖配之也肅又以祖宗爲祖有功宗有德其廟不毁肅又以郊與圜丘是一郊即圜丘故肅難鄭云案易帝出乎震震東方生萬物之初故王者制之初以木德王天下非謂木精之所生五帝皆黃帝之子孫各改號代變而以五行爲次焉何大微之精所生乎又郊祭鄭玄云祭感生之帝唯祭一帝耳郊特牲何得云郊之祭大報天而主日又天唯一而已何得有六又家語云季康子問五帝孔子曰天有五行木火金水及土四分時化育以成萬物其神謂之五帝是五帝之佐也猶三公輔王三公可得稱王輔不得稱天王五帝可得稱天佐不得稱上天而鄭云以五帝爲靈威仰之屬非也玄以圜丘祭昊天最爲首禮周人立后稷廟不立嚳廟是周人尊

嚳不若后稷及文武以嚳配至重之天何輕重顛倒之失所
郊則圜丘圜丘則郊猶王城之內與京師異名而同處又王
肅孔晁云虞夏出黃帝殷周出帝嚳祭法四代禘此二帝上
下相證之明文也詩云天命玄鳥履帝武敏歆自是正義非
讖緯之妖說此皆王肅難大略如此而鄭必爲此釋者馬昭
申鄭云王者禘其祖之所自出以其祖配之案文自了不待
師說則始祖之所自出非五帝而誰河圖云姜原履大人之
跡生后稷大任夢大人死而生文王又中候云姬昌蒼帝子
經緯所說明文又孝經云郊祀后稷以配天則周公配蒼帝
靈威仰漢氏及魏據此義而各配其行易云帝出乎震自論
八卦養萬物於四時不據感生所出也又張融評云若依大
戴禮及史記稷契及堯俱帝嚳之子堯有賢弟七十不用須
舜舉之此不然明矣漢氏堯之子孫謂劉媪感赤龍而生高
祖薄姬亦感而生文帝漢爲堯胤而用火德大魏紹虞同符
土行又孔子删書求史記得黃帝玄孫帝魁之書若五帝當
身相傳何得有玄孫帝魁融據經典三代之正以爲五帝非
黃帝子孫相續次也一則稽之以湯武革命不改稷契之行
二則驗之以大魏與漢襲唐虞火土之法三則符之堯舜湯
武無同宗祖之言四則驗以帝魁繼黃帝之世是五帝非黃
帝之子孫也此是馬昭張融等申義也但張融以禘爲五年

大祭又以圜丘即郊引董仲舒劉向馬融之論皆以爲周禮
圜丘則孝經云南郊與王肅同非鄭義也又春秋命厤序炎
帝號曰大庭氏傳八世合五百二十歲黃帝一曰帝軒轅傳
十世二千五百二十歲次曰帝宣曰少昊一曰金天氏則窮
桑氏傳八世五百歲次曰顓頊則高陽氏傳二十世三百五
十歲次是帝嚳即高辛氏傳十世四百歲此鄭之所據也其
大戴禮少典產軒轅是爲黃帝產玄囂玄囂產喬極喬極產高
辛是爲帝嚳帝嚳產放勳是爲帝堯黃帝產昌意昌意產高陽
是爲帝顓頊產窮蟬窮蟬產敬康敬康產句芒句芒產蟜牛
蟜牛產瞽叟瞽叟產重華是爲帝舜及產象敖又顓頊產鯀
鯀產文命是爲禹司馬遷爲史記依而用焉皆鄭所不取云
祭五帝五神於明堂曰祖宗祖宗通言爾者以明堂月令云
春曰其帝大皞其神句芒五時皆有帝及神又月令季秋大
享帝故知明堂之祭有五人神及五天帝也又孝經云宗祀
文王於明堂以配上帝故知於明堂也以孝經云宗祀文王
於明堂此云宗武王又此經云祖文王是文王稱祖故知祖
宗通言爾雜問志云春曰其帝大皞其神句芒祭蒼帝靈威
仰大皞食焉句芒祭之於庭祭五帝於明堂五德之帝亦食
焉又以文武配之祭法祖文王而宗武王此謂合祭於明堂
漢以正禮散亡戴禮文殘缺不審周以何月也於月令以季

秋此文武之配皆於明堂上或解云武王配五神於下屈天子之尊而就五神在庭非其理也此祖宗祭五帝郊特牲祭一帝而在祖宗上者以其感生之帝特尊之故鄭注典瑞云所郊亦猶五帝殊言天者尊異之是異也云有虞氏以上尚德禘郊祖宗配用有德者而已者以虞氏禘郊祖宗之人皆非虞氏之親是尚德也云自夏已下稍用其姓代之者而夏之郊用鯀是稍用其姓代之但不盡用已姓故云稍也云先後之次有虞氏夏后氏宜郊顓頊殷人宜郊契者今有虞氏先云郊嚳後云祖顓頊夏后氏先云郊鯀後云祖顓頊殷人先云郊冥後云祖契是在前者居後在後者居前故云宜也云郊祭一帝而明堂祭五帝小德配寡大德配衆亦禮之殺也者郊祭雖尊但祭一帝以嚳與鯀及冥后稷之等配之皆不如所祖宗之人是小德配寡明堂雖卑於郊揔祭五帝而以顓頊契湯文武配之皆優之於所配郊之人是大德配衆禮之殺也

燔柴於泰壇祭天也瘞埋於泰折祭地也用騂犢

壇折封土爲祭處也壇之言坦也坦明貌也折炤晢也必爲炤明之名尊神也地陰祀用黝牲與天俱用犢連言爾○燔音煩爾雅云祭天曰燔柴壇大丹反下同瘞於滯反埋武皆反爾雅云祭地曰瘞埋折之

設反注同舊音逝又音制騂私營反字林云火營反處昌慮反坦吐但反炤本又作昭同章遙反又之召反晢之設反一音制黝於糾反【疏】燔柴至騂犢○正義曰此經論祭感生之帝於南郊神州地祇於北郊也○燔柴於泰壇者謂積薪於壇上而取玉及牲置柴上燔之使氣達於天也用騂犢鄭云陰祀用黝牲與天俱用犢連言爾然宜用黑犢今因言以騂犢祭天所用而立其文祭地承祭天之下故連言用騂犢也騂犢之義已具郊特牲疏○瘞埋於泰折祭地也者謂瘞繒埋牲祭神州地祇於北郊也○注壇折至言爾○正義曰案禮器云至敬不壇此云燔柴於泰壇者謂燔柴在壇設饌在地義亦具禮器及郊特牲疏也云地陰祀用黝牲與天俱用犢連言爾者案牧人云陰祀用黝牲毛之鄭康成注云陰祀祭地北郊及社稷也又郊特牲云郊之用犢貴誠也彼文雖主南郊其北郊與天相對故知俱用犢也

埋少牢於泰昭祭時也相近於坎壇祭寒暑也王宮祭日也夜明祭月也幽宗祭星也雩宗祭水旱也四坎壇祭四方也山林川谷丘陵能

出雲爲風雨見怪物皆曰神有天下者祭百神諸侯在其地則祭之亡其地則不祭昭明也亦謂壇也時四時也亦謂陰陽之神也埋之者陰陽出入於地中也凡此以下皆祭用少牢相近當爲禳禳祈聲之誤也禳猶卻也祈求也寒暑不時則或禳之或祈之寒於坎暑於壇王宮日壇王君也日稱君宮壇營域也夜明亦謂月壇也宗皆當爲禜字之誤也幽禜亦謂星壇也星以昏始見禜之言營也雩禜亦謂水旱壇也雩之言吁嗟也春秋傳曰日月星辰之神則雪霜風雨之不時於是乎禜之山川之神則水旱癘疫之不時於是乎禜之四方即謂山林川谷丘陵之神也祭山林丘陵於壇川谷於坎每方各爲坎爲壇怪物雲氣非常見者也有天下謂天子也百者假成數也○相近依注讀爲禳如羊反下音巨依反王肅作祖迎也坎若感反幽宗雩宗並依注讀爲禜禜敬反王如字見賢遍反注同亡如字無也一音無吁許于反疫音役

〔疏〕埋少至不祭○正義曰此一節摠明四時以下諸神所祭之處及明天子諸侯之禮不同之事也○埋少牢於泰昭祭時也者謂祭四時陰陽之神也泰昭壇名也昭亦取明也春夏爲陽秋冬爲陰若祈陰則埋

牲祈陽則不應埋之今捴云埋者以陰陽之氣俱出入於地中而生萬物故並埋之以享陰陽爲義也用少牢者降於天地也自此以下及日月至山林並少牢也先儒並云不薦熟唯殺牲埋之也○相近於坎壇祭寒暑也者相近當爲禳祈禳卻也寒暑之氣應退而不退則祭禳卻之令退也祈求也寒暑之氣應至而不至則祭求之令至也寒則於坎寒陰也暑則於壇暑陽也○王宮祭日也者王君也宮亦壇也營域如宮也日神尊故其壇曰君宮也○夜明祭月也者夜明者祭月壇名也月明於夜故謂其壇爲夜明也○幽宗祭星也者祭星壇名也幽闇也宗當爲禜禜壇域也星至夜而出故曰幽也爲營域而祭之故曰幽禜也○雩宗祭水旱也者亦壇名也雩吁嗟也水旱爲人所吁嗟禜亦營域也爲營域而祭之故曰雩禜也○四坎壇祭四方也者謂山林川谷丘陵之神有益於人民者也四方各爲一坎一壇以祭山林丘陵坎以祭川谷泉澤故言坎壇祭四方也○山林川谷丘陵能出雲爲風雨見怪物皆曰神者此明四坎壇所祭之神也怪物慶雲之屬也風雨雲露並益於人故皆曰神而得祭也○有天下者祭百神者有天下謂天子也祭百神者即謂山林川谷在天下而益民者也天子祭天地四方言百神舉全數也○諸侯在其地則祭之者諸侯不得祭天地若山林川

澤在其封内而益民者則得祭之如魯之泰山晉之河楚之江漢是也○亡其地則不祭者亡無也謂其境内地無此山川之等則不得祭也○注昭明至數也○正義曰時四時也亦謂陰陽之神也者以天是陽神地爲陰神春夏爲陽秋冬爲陰故云亦謂陰陽之神言亦者亦天地也案周禮大宗伯備列諸祀而不見祭四時寒暑水旱者宗伯所謂依周禮常祀歲時恒祭此經所載謂四時乖序寒暑僭逆水旱失時須有祈禱之禮非關正禮之事故不列於宗伯也是以康成之意謂此諸神爲祈禱之禮故康成六宗之義不以此神尊之明非常禮也祭時者謂春夏秋冬四時之氣不和爲人害故祭此氣之神也祭寒暑者或寒暑大甚祭以禳○之或寒暑頓無祭以祈之祭水旱者水甚祭水旱甚祭旱謂祭此水旱之神若王肅及先儒之意以此爲六宗歲之常禮宗伯不見文不具也非鄭義今不取云凡此以下皆祭用少牢者以埋少牢之文在諸祭之首故知以下皆祭用少牢案小司徒小祭祀奉牛牲則王者之祭無不用牛此用少牢者謂祈禱之故也必知祈禱者以有寒暑水旱非歲時常祀是祈禱所爲故鄭皆以爲祈禱之祭也故讀相近爲禳○祈爲禱祈之祈讀宗爲禜也然案莊二十五年左傳云凡天災有幣無牲此禱祈得用少牢者彼天災者謂日月食之示以戒懼人君初有水

旱之災先須修德不當用牲故天災有幣無牲若水旱歷時
禱而不止則當用牲故詩雲漢云靡愛斯牲又鄭注大祝云
類造禬禜皆有牲攻說用幣而已攻說以是日月之災又暫
時之事且不假用牲故也案何休膏肓引感精符云立推度
以正陽日食則鼓用牲於社朱絲營社鳴鼓脅之左氏云用
牲非常明左氏說非夫子春秋於義左氏爲短鄭箴之曰用
牲者不宜用春秋之通例此識說正陽朱絲鳴鼓豈說用牲
之義也識用牲於社者取經死句耳如鄭此言是用牲於社
非當從左氏義也云宗皆當爲禜者以經云幽宗雩宗之字
義無所取宗字與禜字相近故並讀爲禜也禜之言營者案
莊二十五年公羊傳云以朱絲營社或曰脅之或曰爲闇恐
人犯之故營之是禜有營義故讀爲禜云雩之言吁嗟也者
案考異郵云雩呼吁嗟哭位故云雩爲吁嗟也引春秋傳曰
以下者昭元年左傳文時晉侯有疾卜實沈臺駘爲祟子産
以此對晉侯言晉侯之疾非由日月星辰及山川之神也鄭
引此文者證經中宗爲禜禜是除去凶災之祭也云百者假
成數也者許天下山川丘陵之神非但百數而已假此成數
而言之案聖證論王肅六宗之說用家語之文以此四時也
寒暑也日也月也星也水旱也爲六宗孔注尚書亦同之伏
生與馬融以天地四時爲六宗劉歆孔晁以爲乾坤之子六

爲六宗賈逵云天宗三日月星也地宗三河海岱也異義今尚書歐陽夏侯說六宗上及天下及地旁及四方中央恍惚助陰陽變化有益於人者也古尚書說天宗日月北辰地宗岱河海也日月爲陰陽宗北辰爲星宗河爲水宗海爲澤宗岱爲山宗許君謹案與古尚書同鄭駁之云書云類于上帝禋于六宗望于山川既六宗云禋山川言望則六宗無山川明矣大宗伯云以禋祀祀昊天上帝以實柴祀日月星辰以槱燎祀司中司命飌師雨師凡此所祭皆天神也郊特牲曰郊之祭也大報天而主日也又祭義曰郊之祭大報天而主日配以月則郊天並祭日月可知其餘星也辰也司中也司命也風師也雨師也此之謂六宗亦明矣如鄭此言六宗稱禋則天神也日月也在郊祀之中又類于上帝之內故以其餘爲六宗也案禮論六宗司馬彪等各爲異說既非鄭義今畧而不論

大凡生於天地之間者皆曰命其萬物死皆曰折人死曰鬼此五代之所不變也

生時形體異可同名至死腐爲野土異其名嫌同也折弃敗之言也鬼之言歸也五代謂黃帝堯舜禹湯周之禮樂所存法也○大如字徐音泰腐音輔

七代之所

更立者禘郊宗祖，其餘不變也。七代通數顓頊及嚳也。所不變者，則數其所法而已。變之則通數所不法，爲記者之微意也。少昊氏修黃帝之法，後王無所取焉。○更，古行反。數，色主反，下同。

〔疏〕大凡至變也○正義曰：此一節論人死與萬物不同及五代七代變與不變之義，各依文解之。○大凡生於天地之間者皆曰命者，摠包萬物，故曰大凡，皆受天之賦命而生，故云皆曰命也。○其萬物死皆曰折人死曰鬼者，萬物無知，死者皆曰折；人爲有識，故死曰鬼。此五代之所不變也者，言此之名號從黃帝正名百物以來，至堯舜禹湯及周所不變更也。○七代之所更立者禘郊宗祖者，前論五代不變，此論七代更變者，故曰黃帝以下七代之所變易而立者，是禘之與郊及宗祖也。○其餘不變也者，除此禘郊宗祖之外，其餘社稷山川五祀之等不改變也。上先祖後宗，此先宗後祖，故鄭上注云祖宗通言爾，又引此以證之。○注生時至法也○正義曰：云生時形體異可同名者，以生時形體既異，不嫌是同，故可名爲命。云至死腐爲野土異其名嫌同也者，人與萬物死至同爲野土，嫌恐人與萬物是同，故殊異其名，謂萬物死者曰折，人死曰鬼，嫌其同故也。云五代謂黃帝堯舜禹湯周之禮樂所存法也者，周有六樂，去周言之，唯五代周備其樂是周之禮樂所存法也○注七代至取焉○正義曰知通數顓頊及嚳者以上云禘郊祖宗有顓頊及嚳又易緯及樂緯有五莖六英是顓頊及嚳之樂故數顓頊及嚳也云所不變者則數其所法而已者所不變則上經是也數所法則上經五代是也論不變者必數所法者以五代以來不變至周亦不變法而象之故不變者數所法五代而已云變之則通數所不法者以前七代變易更立至周亦變易法象故數變者通數顓頊帝嚳所不法象者謂之爲七代也云爲記者之微意也者爲作也作記者之有此微意也所以微意者謂作記之人周法所不變故數前代不變周所變亦數前代變不指斥而言故云微意云少昊氏脩黃帝之法後王無所取焉者以易緯有黃帝及顓頊以下之樂無少昊之樂又易繫辭云神農氏沒黃帝堯舜氏作皆不云少昊故知無取焉月令秋其帝少昊者直以五行在金唯託記之耳皇氏云其餘不變者雖謂生曰命萬物死曰折人死曰鬼若如皇說前經既云不變後經何須重云不變後經既云更立者禘郊宗祖即云其餘明此禘郊宗廟外其餘諸事不更立者皆不變也不可獨據前三事以外揔包之其社稷神配祭雖是更立非當代之親而禘郊改易也○天下有王分地建國置都立邑

設廟祧壇墠而祭之乃爲親疏多少之數是故王立七廟一壇一墠曰考廟曰王考廟曰皇考廟曰顯考廟曰祖考廟皆月祭之遠廟爲祧有二祧享嘗乃止去祧爲壇去壇爲墠壇墠有禱焉祭之無禱乃止去墠曰鬼諸侯立五廟一壇一墠曰考廟曰王考廟曰皇考廟皆月祭之顯考廟祖考廟享嘗乃止去祖爲壇去壇爲墠壇墠有禱焉祭之無禱乃止去墠爲鬼大夫立三廟二壇曰考廟曰王考廟曰皇考廟享嘗乃止顯考祖考無廟有禱

焉爲壇祭之去壇爲鬼適士二廟一壇曰考廟曰王考廟享嘗乃止顯考無廟有禱焉爲壇祭之去壇爲鬼官師一廟曰考廟王考無廟而祭之去王考爲鬼庶士庶人無廟死曰鬼

建國封諸侯也置都立邑爲卿大夫之采地及賜士有功者之地廟之言貌也宗廟者先祖之尊貌也祧之言超也超上去意也封土曰壇除地曰墠書曰三壇同墠王皇皆君也顯明也祖始也名先人以君明始者所以尊本之意也天子遷廟之主以昭穆合藏於二祧之中諸侯無祧藏於祖考之廟中聘禮曰不腆先君之祧是謂始祖廟也享嘗謂時之祭天子諸侯爲壇墠所禱謂後遷在祧者也既事則反其主於祧鬼亦在祧顧遠之於無事祫乃祭之爾春秋文二年秋大事於大廟傳曰毀廟之主陳于大祖未毀廟之主皆升合食於大祖是也魯煬公者伯禽之子也至昭公定公久已爲鬼而季氏禱之而立其宮則鬼之主在祧明矣唯天子諸侯有主禘祫大夫有祖考者亦鬼其百世不禘祫無主爾其

無祖考者庶士以下鬼其考王考官師鬼其皇考大夫適士
鬼其顯考而已大夫祖考謂别子也凡鬼者薦而不祭王制
曰大夫士有田則祭無田則薦適士上士也官師中士下士
庶士府史之屬此適士云顯考無廟非也當爲皇考字之誤
○廟本亦作庿古字墠音善禱丁老反一音丁報反適丁厤
反篇内同顯考無廟顯音皇出注采七代反昭上遥反腆他
典反祫音洽煬餘讓反徐音傷

疏 天下至曰鬼○正義曰此一經明天子以下尊卑既異上祭祖廟多少不同之事天下有王者謂上天之下有天子之王○分地建國者此既王天下分九州之地建立諸侯之國○置都立邑者天子王畿之内及諸侯國中置此公卿之都立大夫士之邑也○設廟祧壇墠而祭之乃爲親疎多少之數者則以下所云是也○王立七廟者親四始祖一文武不遷合爲七廟也一壇一墠者七廟之外又立壇墠各一也起土爲壇除地曰墠近者起土遠親除地示將去然也○曰考廟○曰考廟者父廟曰考考成也謂父有成德之美也○曰王考廟者祖廟也王君也君考者言祖有君成之德也祖尊於父故加君名也○曰皇考廟者曾祖也皇大也君也曾祖轉尊又加大君之稱也○曰顯考廟者高祖也顯明高祖居四廟最上故以高祖目之○曰祖考廟者祖始也此廟爲王家之始故云祖考也計則祖考

之廟當在二祧壇墠之上應合在後始陳今在此言之者因皇考顯考同皆月祭之故此先言之○皆月祭之者此之五廟則並同月祭之也○遠廟爲祧者遠廟謂文武廟也文武廟在應遷之例故云遠廟也特爲功德而留故謂爲祧祧之言超也言其超然上去也○有二祧者有文武二廟不遷故云有二祧焉○享嘗乃止者享嘗四時祭祀文武特留故不得月祭但四時祭而已○去祧爲壇者謂高祖之父也若是昭行寄藏武王祧若是穆行即寄藏文王祧不得四時而祭之若有四時之祈禱則出就壇受祭也○去壇爲墠者謂高祖之祖也不得在壇若有祈禱則出就墠受祭也高祖之父既初寄在祧而不得於祧中受祭故曰去祧也高祖之祖經在壇而今不得祭故云去壇也壇墠有禱焉祭之者在壇墠者不得享嘗應有祈禱於壇墠乃祭之也○無禱乃止者若無所祈禱則不得祭也○去墠曰鬼者若又有從壇遷來墠者則此前在墠者遷入石函爲鬼雖有祈禱亦不得及唯禘祫乃出也○諸侯立五廟一壇一墠者降天子故止有五廟壇墠與天子同無功德之祖爲二祧也○曰考廟曰王考廟曰皇考廟皆月祭之者天子月祭五諸侯卑故唯得月祭三也○顯考廟祖考廟享嘗乃止者顯考高祖也祖考大祖也大祖乃不遷而與高祖並不得月祭止預四時又降天子

也○去祖爲壇者去祖謂去大祖也即高祖之父諸侯無功德二祧若高祖之父亦遷即寄大祖而不得於大祖廟受時祭唯有祈禱則去大祖而往壇受祭也○大夫立三廟二壇者大夫異於君故立二壇而不墠也○顯考祖考無廟者以其卑故高祖大祖無廟也○有禱焉爲壇祭之者大夫無主故無所寄藏而高大二祖既又無廟若應有祈禱則爲壇祭之二壇之設實爲於此矣然墠輕於壇今二壇無墠者爲大祖雖無廟猶重之故也○去壇爲鬼者謂高祖若遷去於壇則爲鬼不復得祭但薦之於大祖壇而已若大夫有大祖之廟者其義已具在王制疏○適士二廟一壇者上士也天子三等諸侯上士悉二廟一壇也○顯考無廟者顯當爲皇皇考曾祖也曾祖無廟也○有禱焉爲壇祭之曾祖既無廟若有祈禱則爲壇祭之一壇之設爲於此也亦無禱乃止○去壇爲鬼者謂曾祖若遷去於壇則爲鬼不復祭也○官師一廟者謂諸侯中士下上也謂爲官師者言爲一官之長也一廟祖禰共之又無壇也○曰考廟者爲父立之也○王考無廟而祭之者王考祖也雖無廟而猶獲祭也謂在考廟者○去王考爲鬼者謂曾祖則不得祭又無壇若有祈禱則薦之於廟也○庶士庶人無廟者庶士府史之屬庶人平民也賤故無廟也○死曰鬼者既無廟故死則曰鬼鬼亦得薦之於

寢也王制云庶人祭於寢是也○注建國制之誤○正義曰
引書曰三壇同墠者證壇墠之義案金縢武王有疾周公爲
之請命爲三壇同墠以告大王王季文王故三壇也云王皇
皆君也顯明也祖始也者皆爾雅釋詁文云天子遷廟之主以
昭穆合藏於二祧之中者昭之遷主其數雖多揔合藏武王
祧中穆之遷主揔合藏文王祧中故鄭注周禮守祧先公遷
主藏於后稷之廟先王之遷主藏于文武之廟鄭必知然者
案文二年八月丁卯大事于大廟公羊傳云大事者何大祫
也毀廟之主陳于太祖是毀廟在大廟祫乃陳之故知不啻
以下先公遷主藏于后稷廟也文武二廟既不毀則文武以
下遷主不可越文武上藏后稷之廟故知藏於文武廟也此
遷主所藏曰祧者是對例言之耳若散而通論則凡廟曰祧
故昭元年左傳云其敢愛豐氏之祧彼祧遠祖廟也襄九年
左傳云君冠必以先君之祧處之服虔注云曾祖之廟曰祧
者以魯襄公於時冠於衛成公之廟成公是衛今君之曾祖
曰祧也云享嘗謂四時之祭者以四時之祭秋嘗物之備具
故持舉享嘗以明四時之祭此經祖禰月祭楚語云日祭祖
禰非鄭義故異義駮鄭所不用云鬼亦在祧顧遠之於無事
祫乃祭之爾者以壇墠之主祈禱禮畢乃藏之於祧去墠爲
鬼主亦如壇墠之主藏在祧故云亦也既俱在祧所以特名

鬼者反顧以其疏遠主在無事唯祫乃祭之故特曰鬼也引春秋文二年僖者證毀廟之主祫祭乃及云魯煬公者自伯禽之子也至昭公定公久已爲鬼而季氏禱之而立其宫則鬼之主在祧明矣者鄭引更證明鬼主恒在春秋定公元年立煬宫依世本煬公伯禽之子定公元年始立煬公宫于時昭公出定公未入之前季氏禱于煬公之鬼明知于煬公鬼主而禱之也云唯天子諸侯有主禘祫者案王制天子諸侯有禘祫故知有主云大夫有祖考者亦鬼其百世者案王制云大夫三廟一昭一穆與大祖而三大祖即是大夫之祖考既有祖考明應遷之祖以制幣招其神而藏焉故云亦鬼其百世大夫若無祖考。祇得立曾祖與祖及父三廟而已則不得百世也云不禘祫無主爾者雖有百世之鬼不得禘大祫無主爾案左傳衛大夫孔悝有主者鄭駁異義從公羊說大夫無主許君謹案卿大夫士無昭穆不得有主鄭云孔悝祏主者祭其所出之君爲之主耳宗廟之主所用之木案異義今春秋公羊說祭有主者孝子之主繫心夏后氏以松殷人以栢周人以栗又周禮說虞主用桑練主以栗無夏后氏以松爲主之事許君謹案從周禮說論語所云謂社主也鄭氏無駁從許義也其主之制案漢儀高帝廟主九寸前方後圓圍一尺后主七寸文二年作僖公主何休云主狀正方穿中央達四方天子長一尺二寸諸侯長一尺此是木主之制也云其無祖考者上既明其有祖考之文此明無祖考者謂庶士以下及官師等并適士等總舉有祖考之人於前歷説無祖考之人於下云庶士以下鬼其考王考者此人即無祖考之一色庶士及庶人無廟故鬼其祖父與於寢中薦之云官師鬼其皇考者此又是無祖考之一色官師一廟祖禰共之曾祖無廟故曰鬼其皇考於祖廟而薦皇考也云適士鬼其顯考者此又是無祖考之一色適士得立祖禰二廟又立曾祖一壇唯高祖爲鬼故云鬼其顯考而已就曾祖之壇而薦顯考諸本或云大夫適士者若大夫鬼其顯考於義不合庾氏云諸侯之大夫云大夫祖考謂別子也者以上云大夫有祖考故鄭明之云大夫祖考謂別子也謂於周之世別子爲卿大夫後世子孫立其廟不毁謂之祖考雖於周之世非別子爲大夫但立父祖及曾祖三廟無祖考廟者則經中三廟是也若夏殷之世雖非別子但始爵者及異姓爲卿大夫者其後世子孫皆立之爲祖考此義已具於王制云凡鬼者薦而不祭者若其薦祭俱爲則鬼與見廟其事何異若都不薦祀何須存鬼薦輕於祭鬼疏於廟故知薦而不祭云此適士云顯考無廟非也者適士二廟祖廟禰廟曾祖無廟故云顯考無廟非也是王考當爲皇考字之誤也

王爲羣

姓立社曰大社王自爲立社曰王社諸侯爲百姓立社曰國社諸侯自爲立社曰侯社大夫以下成羣立社曰置社羣衆也大夫以下謂下至庶人也大夫不得特立社與民族居百家以上則共立一社今時里社是也郊特牲曰唯爲社事單出里○爲于僞反下皆同注爲社事亦同

【疏】王爲至置社○正義曰此一經明天子以下立社之義○王爲羣姓立社曰大社者羣姓謂百官以下及兆民言羣姓者包百官也大社在庫門之內右故小宗伯云右社稷王自爲立社曰王社者其王社所在書傳無文或云與大社同處王社在大社之西崔氏並云王社在藉田王自所祭以供粢盛今從其說故詩頌云春藉田而祈社稷是也其諸侯國社亦在公宮之右侯社在藉田大夫以下成羣立社曰置社者大夫以下謂包士庶成羣聚而居其羣衆滿百家以上得立社爲衆特置故曰置社○注羣衆至出里○正義曰此云大夫以下謂下至士庶人者謂大夫至庶人等共在一處也云大夫不得特立社與民族居百家以上則共立一社今時里社是也者大夫北面之臣不得自專土地故不得特立社社以

爲民故與民居百家以上則可以立社知百家者詩頌云百室盈止殺時犉牡故曰百家言以上皆不限多少故鄭駮異義引長職曰以歲時祭祀州社是二千五百家爲社也雖云百家以上唯治民大夫乃得立社故鄭駮異義云有國及治民之大夫乃有社稷是也此大夫所主立社稷則田主是也故鄭駮異義引大司徒職云樹之田主各以其野之所宜木遂以名其社與其野注云田主田神后土田正之所依也后土則社神田正則稷神其義已具郊特牲疏

王爲羣姓立七祀曰司命曰中霤曰國門曰國行曰泰厲曰戶曰竈王自爲立七祀諸侯爲國立五祀曰司命曰中霤曰國門曰國行曰公厲諸侯自爲立五祀大夫立三祀曰族厲曰門曰行適士立二祀曰門曰行庶士庶人立一祀或立戶或立竈此非大神所祈報大事者也小神居人之間司察小過作譴告

者爾樂記曰明則有禮樂幽則有鬼神鬼神謂此與司命主
督察三命中霤主堂室居處門戶主出入行主道路行作厲主
主殺罰竈主飲食之事明堂月令春曰其祀戶祭先脾夏曰
其祀竈祭先肺中央曰其祀中霤祭先心秋曰其祀門祭先
肝冬曰其祀行祭先腎聘禮曰使者出釋幣於行歸釋幣於
門士喪禮曰疾病禱於五祀司命與厲其時不著今時民家
或春秋祠司命行神山神門。竈在旁是必春祠司命秋祠厲
也或者合而祠之山即厲也民惡言厲巫祝以厲山爲之謬
乎春秋傳曰鬼有所歸乃不爲厲○霤力又反謫棄戰反此
與音餘脾婢支反肺芳廢反肝音干腎上忍反使色厲反惡
言烏路反 疏 王爲至或立竈○正義曰此一經明天子以
繆音謬 下立七祀五祀之義曰司命者宮中小神熊
氏云非天之司命故祭於宮中皇氏云司命者文昌宮星其
義非也○曰中霤者主堂室神○曰國門者國門謂城門也
○曰國行者謂行神在國門外之西曰泰厲者謂古帝王無
後者也此鬼無所依歸好爲民作禍故祀之也○王自爲立
七祀者前是爲民所立與衆共之四時常祀及爲羣姓禱祀
其自爲立者王自禱祭不知其當同是一神爲是別更立七
祀也○諸侯爲國立五祀者減天子戶竈二祀故爲立五祀
也○曰公厲者謂古諸侯無後者諸侯稱公其鬼爲厲故曰

公厲○諸侯自為立五祀者義與天子同○大夫立三祀者滅諸侯司命中霤故為三祀也○曰族厲者謂古大夫無後者鬼也族衆也大夫衆多其鬼無後者衆故言族厲○曰門曰行者其大夫無民國故不言國門國行也然鄭注曲禮大夫五祀為夏殷法注王制大夫五祀是有采地者鄭何以知然曲禮文連於大夫五祀故知非周而王制立七廟故知是周禮以彼推此大夫三祀則周諸侯之大夫無地者也○注此非至為厲○正義曰小神居人之間司察小過作譴告者以其非郊廟社稷大神故云小神以其門戶竈等故知居人間也以小神所祈故知司察小過作譴告謂作譴責以告人云幽則有鬼神鬼神謂此與者以禮天神人鬼地祇皆列其名樂記直云幽則有鬼神是幽闇之處有細小之鬼神謂此小祀者與與是疑辭也云司命主督察三命者案援神契云命有三科有受命以保慶有遭命以謫暴有隨命以督行受命謂年壽也遭命謂行善而遇凶也隨命謂隨其善惡而報之云聘禮曰使者出釋幣於行歸釋幣於門者證大夫有門行云士喪禮曰疾病禱於五祀者證士亦有五祀云司命與厲其時不著者以其餘五祀月令所祀皆著其時唯司命與厲祀時不顯著云今時民家或春秋祠司命行神山神門戶竈在旁者鄭以無文故引今漢時民家或有春秋二時祠司命

行神山神也民或然故云或也其祀此司命行神山神之時門戶竈三神在諸神之旁列位而祭也云是必春祠司命秋祠厲也者漢時既春秋俱祠司命與山神則是周時必應春祠司命司命主長養故祠在春厲主殺害故祠在秋云或者合而祠之者鄭又疑之以見漢時司命與山神春秋合祭故云或者合而祠之云山即厲也者以漢時祭司命行神山神門戶竈等此經亦有司命門行戶竈等漢時有山而無厲此有厲而無山故云山即厲也云民惡言厲巫祝以厲山爲之者鄭解厲稱山之意漢時人民嫌惡厲漢時巫祝之人意以厲神是厲山氏之鬼爲之故云厲山云謬乎者謂巫祝以厲爲厲山之鬼於理謬乎所以爲謬者鬼之無後於是爲厲厲山氏有子曰柱世祀厲山之神。得其鬼爲厲故云謬也引春秋傳者昭七年左傳文於時鄭良霄被殺而死其鬼爲厲子產立良霄之子良止爲後子大叔問其故子產曰鬼有所歸乃不爲厲引之者證厲山氏既有所歸不得爲厲

王下祭殤五適子適孫適曾孫適玄孫適來孫諸侯下祭三大夫下祭二適士及庶人祭子而止祭適殤者重適也祭適殤於廟之奧謂之

陰厭王子公子祭其適殤於其黨之廟大夫以下庶子祭其適殤於宗子之家皆當室之白謂之陽厭凡庶殤不祭○殤音傷奥烏報反厭於豔反下同【疏】王下至而止○正義曰此明天子以下祭殤之差也○注王子公子祭其適殤於其黨之廟○正義曰王子謂王之庶子公子謂諸侯庶子不得爲先王先公立廟無處可祭適殤故祭於黨之廟謂王子公子但爲卿大夫得自立廟與王子公子同者就其廟而祭之適殤其義已具曾子問

夫聖王之制祭祀也法施於民則祀之以死勤事則祀之以勞定國則祀之能禦大菑則祀之能捍大患則祀之是故厲山氏之有天下也其子曰農能殖百穀夏之衰也周弃○繼之故祀以爲稷共工氏之霸九州也其子曰后土能平九州故祀以爲社帝嚳能序星辰以著衆堯

能賞均刑法以義終舜勤衆事而野死鯀鄣鴻水而殛死禹能脩鯀之功黄帝正名百物以明民共財顓頊能脩之契爲司徒而民成冥勤其官而水死湯以寛治民而除其虐文王以文治武王以武功去民之菑此皆有功烈於民者也及夫日月星辰民所瞻仰也山林川谷丘陵民所取財用也非此族也不在祀典此所謂大神也春秋傳曰封爲上公祀爲大神厲山氏炎帝也起於厲山或曰有烈山氏棄后稷名也共工氏無録而王謂之霸在大昊炎帝之間著衆謂使民興事知休作之期也賞賞善謂禪舜封禹稷等也能刑謂去四凶義終謂既禪二十八載乃死也野死謂征有苗死於蒼梧也殛死謂不能成其功也明民謂使之衣服有章也民成謂知

五教之禮也冥契六世之孫也其官玄冥水官也虐菑謂桀紂也烈業也族猶類也祀典謂祭祀也○禦魚呂反菑音哉下同下文或作災注作烖並同扞胡旦反厲力世反左傳作列山共音恭下及注同鄣音章殛紀力反注同尚書云殛鯀於羽山又云鯀則殛死顓頊能脩之本或作顓頊修黄帝之功文治直吏反去起呂反夫音扶业此古丘字王于況反梧音吾〔疏〕夫聖至祀典○正義曰前經明禘郊祖宗及社稷之等所配之人又論天地日月星辰山谷丘陵之等此經揔明其功有益於民得在祀典之事從此至能捍大患則祀之與下諸神爲揔也○法施於民則祀之者若神農及后土帝嚳與堯及黄帝顓頊與契之屬是也○以死勤事則祀之者若舜及鯀冥是也○以勞定國則祀之者若禹是也○能禦大菑及能捍大患則祀之者若湯及文武也其子曰農能殖百穀者農謂厲山氏後世子孫名柱能殖百穀故國語云神農之。名柱作農官因名農是也○夏之衰也周弃繼之者以夏末湯遭大旱七年欲變置社稷故廢農祀棄○故祀以爲稷者謂農及棄皆祀之以配稷之神其子曰后土能平九州故祀以爲社者是共工後世之子孫爲后土之官后君也爲君而掌土能治九州五土之神故祀以爲配社之神○帝嚳能序星辰以著衆者嚳能紀星辰序時候以明著使民

休作有期不失時節故祀之也○堯能賞均刑法以義終者
堯以天下位授舜封禹稷官得其人是能賞均平也五刑有
宅是能刑有法也禪舜而老二十八載乃殂是義終也○舜
能勤衆事而野死者舜征有苗仍巡守陟方而死蒼梧之野
是勤衆事而野死○鯀鄣鴻水而殛死者鯀塞水而無功而
被堯殛死于羽山亦是有微功於人故得祀之若無微功焉
能治水九載又世本云作城郭是有功也鄭荅趙商云鯀非
誅死鯀放居東裔至死不得反於朝禹乃其子也以有聖功
故堯與之若以爲殺人父用其子而舜禹何以忍乎而尚書
云鯀則殛死禹乃嗣興者箕子見武王誅紂今與已言懼其
意有慙德爲說父不肖則罪子賢則舉之以滿武王意也○
禹能修鯀之功者謂禹能脩父之功故祀之○黃帝正名百
物者上雖有百物而未有名黃帝爲物作名正名其體也○
以明民者謂垂衣裳使貴賤分明得其所也○共財者謂山
澤不鄣教民取百物以自贍也其如上事故得祀之○顓頊
能修之者謂能脩黃帝之法○契爲司徒而民成者契爲堯之
司徒司徒掌五教故民之五教得成○冥勤其官而水死者冥
契六世孫其官玄冥水官也○湯以寬治民而除其虐謂放桀
於南巢也文王以文治武王以武功去民之菑者謂伐紂也
此皆有功烈於民者也結上厲山以下也所得祀之人有功

烈於人故也及夫日月星辰民所瞻仰也者釋上文燔柴於泰壇瘞埋於泰折王宮祭日夜明祭月幽禜祭星之等及上有祭地祭天祭四時祭寒暑祭水旱此不言之者舉日月則天地可知四時寒暑水旱則日月陰陽之氣故舉日月以包之也非此族也不在祀典者合結上事也族類也若非上自厲山以下及日月丘陵之等無益於民者悉不得預於祭祀之典也案上陳宗廟及七祀并通適殤以下此經不覆明之者此經所云謂是外神有功於民故具載之其宗廟與殤以下及親屬七祀之等宮中小神所以此經並皆不載○注春秋至祀也○正義曰引春秋左傳昭二十九年蔡墨辭云厲山氏炎帝也起於厲山者案帝王世紀云神農氏本起於烈山或時稱之神農即炎帝也故云厲山氏炎帝也○云或曰有烈山氏者案二十九年傳文也云棄后稷名也者稱舜典云棄汝后稷是棄爲后稷名也云共工氏無錄而王謂之霸在大昊炎帝之間者是漢律厤志文又案月令春其帝大皞夏其帝炎帝不載共工氏是無錄以水紀官是無錄而王案昭十七年左傳郯子稱黃帝氏以雲紀炎帝以火紀共工氏以水紀大皞氏以龍紀從下逆陳是在炎帝之前大昊之後也云著衆謂使民與事知休作之期也者由序厤星辰敬授明時使民興造其事知休作之期民得顯著云二十八載乃死

也者虞書文也云殛死謂不能成其功也者鯀被殛羽山以至於死所以殛者由不能成其功也云明民謂使之衣服有章者案易繫云黃帝堯舜垂衣裳而天下治蓋取乾坤是也云冥契六世之孫也者案世本契生昭明昭明生相土相土生昌若昌若生曹圉曹圉生根國根國生冥是契六世孫也

附釋音禮記注疏卷第四十六

南昌盧氏
宣旬校定

皇清嘉慶二十年重栞宋本十三經注疏附校勘記

江西南昌府學栞

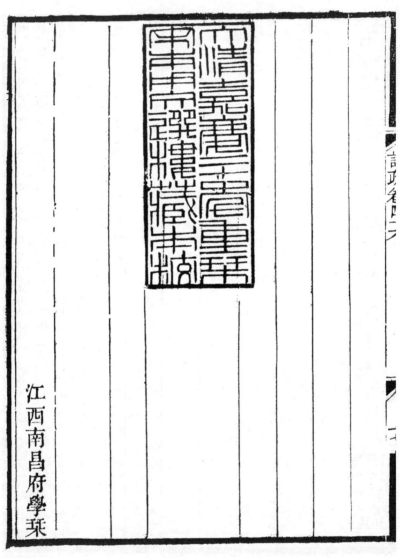

禮記注疏卷四十六校勘記　阮元撰盧宣旬摘錄

附釋音禮記注疏卷第四十六惠棟校宋本禮記正義卷第五十五

祭法第二十三

至周天子以下所制祀羣神之數惠棟校宋本同衞氏集說同閩監毛本制誤祭

祭法節

下有禘郊祖宗閩監毛本同嘉靖本同衞氏集說同惠棟校宋本祖宗作宗祖岳本宋監本同

其帝大昊岳本同嘉靖本同衞氏集說同閩監毛本大作太釋文亦作大

稍用其姓氏惠棟挍宋本氏作代宋監本岳本嘉靖本衞氏集說同正義亦作代此本誤氏閩監毛本同

郊祭一帝各本同監本一誤二

祭法至武王惠棟挍宋本無此五字

漢爲堯叐而用火德惠棟挍宋本作允此本允誤叐閩監毛本同

三則符之堯舜湯武無同宗祖之言閩監毛本同惠棟挍宋本宗祖作祖宗

帝軒轅傳十世二千五百二十歲監毛本同閩本二千作一千惠棟挍宋本同

又月令季秋大享帝惠棟挍宋本作季衞氏集說同此本季誤旣閩監毛本同

又孝經云閩監毛本同惠棟挍宋本無又字衞氏集說同

埋少牢於泰昭節

相近當爲禳祈閩監毛本同嘉靖本同惠棟挍宋本禳作攘岳本同衞氏集說同下同按此本疏相近當爲攘祈攘卻也則祭攘卻之及祭以攘之故讀相近爲攘祈五攘字俱從才旁閩監毛本並改從示旁

埋少至不祭惠棟挍宋本無此五字

攻說用幣而已攻說以是日月之災惠棟挍宋本亦作攻與周禮大祝注合閩監毛本二攻字並誤故

雩呼吁嗟哭位閩監本同惠棟挍宋本位作泣毛本吁嗟誤嗟嗟

飌師雨師惠棟挍宋本同閩監毛本飌作風

日月也在郊祀之中閩監毛本同惠棟挍宋本祀作祭

大凡生於天地之間者節

禘郊宗祖惠棟挍宋本石經宋監本岳本嘉靖本衞氏集說同閩監毛本宗祖二字倒陳澔集說同石經考文

提要云宋大字本宋本九經南宋巾箱本余仁仲本劉叔剛本並作宗祖

大凡至變也　惠棟挍宋本無此五字

故曰黃帝以下　閩監毛本同惠棟挍宋本曰作云

明此禘郊宗祖外　惠棟挍宋本作祖此本祖作廟閩監毛本同

天下有王節

大夫立三廟二壇　閩本惠棟挍宋本石經岳本嘉靖本衛氏集說同監毛本二誤一

顯考無廟　閩監毛本同石經同岳本同嘉靖本同衛氏集說同陳澔集說顯作皇釋文出顯考無廟云顯音皇出注石經考文提要云宋大字本宋本九經南宋巾箱本余仁仲劉叔剛本並作顯考是漢唐宋以來知顯當爲皇而不敢改而陳氏竟改之

爲卿大夫之采地　各本同釋文出大夫采三字無之字

享嘗謂時之祭　補案時上當有四字此誤脫也

天子諸侯爲壇墠所禱　閩監毛本同岳本同嘉靖本同衛氏集說同盧文弨挍云所當作祈

天下至曰鬼　惠棟挍宋本無此五字

故此先言之　閩監毛本同惠棟挍宋本之下有也字

此之五廟則並同日月祭之也　閩本作月月考文引宋板同此本月月誤日月監毛本同衛氏集說亦作五廟皆月月祭之

云魯煬公者自伯禽之子也　惠棟挍宋本無自字此本誤衍閩監毛本同

大夫若無祖考　閩監毛本同惠棟挍宋本考下有者字

天子長一尺二寸　閩監毛本同惠棟挍宋本無一字

故鬼其祖父與於寢中薦之　閩監毛本同衛氏集說父與作與父

王爲羣姓立社節

王爲至置社 惠棟挍宋本無此五字

大社在庫門內之右 惠棟挍宋本作內之衞氏集說同此本內之二字倒閩監毛本同

引州長職曰 惠棟挍宋本有州字此本州字脫閩監毛本同

王爲羣姓立七祀節

王爲羣姓立七祀 閩本石經惠棟挍宋本宋監本岳本嘉靖本衞氏集說並同監毛本祀誤祠

門戶竈在旁 惠棟挍宋本有戶字岳本嘉靖本衞氏集說同考文引古本足利本同此本戶字脫閩監毛本同

巫祝以厲山爲之謬乎 各本同釋文謬作繆○按唐人多以繆爲錯謬字

王爲至或立竈 惠棟挍宋本無此六字

而樂記直云　惠棟按宋本有而字此本而字脫閩監毛本同

或有春秋二時　閩監毛本同考文云宋板二作兩

得其鬼爲厲　惠棟按宋本上有何字此本何字脫閩監毛本同衛氏集說亦作何得爲厲也

夫聖王之制祭祀也節

周弃繼之　閩監本同石經同岳本同嘉靖本同毛本弃作棄衛氏集說同

禹能脩鯀之功　閩監本同石經同岳本同毛本脩作修嘉靖本同衛氏集說同下顓頊能脩之同

此皆有功烈於民者也　宋監本脫皆字

山林川谷丘陵　各本同石經同釋文出坵陵云此古丘字

能刑謂去四凶　閩監毛本同岳本同嘉靖本同考文云宋板無此六字足利本同衛氏集說同

夫聖至祀典　惠棟按宋本無此五字

及社稷之等所配之人 惠棟挍宋本作之人衛氏集說同此本之人誤之○閩監毛本之人誤此字

神農之名柱 閩監毛本同衛氏集說之下有子字

鯀塞水而無功 閩監毛本同惠棟挍宋本無而字衛氏集說同

爲說父不肖則罪 惠棟挍宋本作則續通解同此本則誤其閩監毛本同

及日月上陵之等 閩本同惠棟挍宋本同監毛本上陵誤星辰衛氏集說亦作及日月上陵等

稱舜典云棄汝后稷 閩監毛本同浦鏜云稱當按字誤

禮記注疏卷四十六挍勘記

傳古樓景印